E bèrdat di Boneiru
De waarheid van Bonaire

Un buki pa inspirá i reflekshoná na Papiamentu i Hulandes;

Een boek om te inspireren en te reflecteren in het Papiaments en Nederlands

CURVIN GEORGE

——— NECTAR PUBLISHING ———

Serving the Caribbean

Tur derecho reservá. Sin pèrmit skirbi di Nectar Publishing na Boneiru no por reprodusí, fotokopiá, ni multipliká di ningun otro forma nada di e buki akí, a ménos ku esei sosodé konforme derecho di outor.

Alle rechten voorbehouden. Zonder schriftelijke toestemming van Nectar Publishing te Bonaire mag niets uit deze uitgave worden gereproduceerd, gefotokopieerd, of op enige andere wijze worden verveelvoudigd, tenzij dit geschiedt conform de auteurswet.

Beeldmateriaal, Curvin George
Papiamentse redactie, G. Girigori
Auteursfoto, S. Goilo

ISBN 978-99904-1-869-9
Tweede druk: 2015
© 2015 Curvin. J. George

Voor vragen, opmerkingen of spreek evenementen kunt u contact maken via Nectar.Bonaire@gmail.com.

www.**nectar**publishing.com

Kralendijk, Bonaire

Kontenido

E bèrdat	10
Persepshon vs. e bèrdat	14
E bèrdat di Boneiru en general	18
E bèrdat tokante e mentalidat boneriano	25
E bèrdat di e pueblo boneriano	35
E bèrdat trágiko	42
E modelo di e bèrdat	48
E bèrdat di e futuro di Boneiru	52
Final	60
Epílogo	61
Literatura	116

Inhoud

De waarheid	65
Perceptie versus waarheid	69
De waarheid van Bonaire in het algemeen	73
De waarheid over de Bonairiaanse mentaliteit	81
De waarheid over het Bonairiaanse volk	91
De tragische waarheid	97
Het waarheidsmodel	102
De waarheid over de toekomst van Bonaire	106
Slot	114
Nawoord	115
Literatuur	116

*Mi gratitut ta bai na mi kasá
Elisabeth George-Veldbloem ku a duna mi
espasio pa skirbi i stimulá mi pa skirbi
for di mi kurason.*

*Mi ta dediká e buki na mi dos yunan
Arkana Victory George i Leilani Joy George,
nan ta e apel di mi wowonan i e motibu dikon
mi ke duna mi máksimo.*

*Mi ta spera ku e buki aki lo por ta di un manera òf otro algu ku lo por
duna un aporte na Boneiru.*

Prólogo

E buki kòrtiku aki a nase despues ku mi a kuminsá un biahe interno pa deskubrí sierto inkietut den mi mes. Mi kier a yega na e bèrdat di ken ami ta i kon bin mi ta manera mi ta. Mi ta gusta konosementu ku ta kontribuí na desaroyo personal. Mi stima desaroyo aunke ku desaroyo por bini atraves di kanalnan ku no ta semper agradabel. Sa tin biaha un atake di kurason ta buta ku bo ta desaroyá, bira un hende ku ta duna balor na e kosnan mas simpel di bida. Sa tin biaha ta eksperensia di un otro por motivá abo pa wak paden. Desaroyo riba su mes tambe ta trese kambio den bo manera di pensa, bo eskohonan i bo posishon den sosiedat. Ami kier a tuma tempu pa mi mes evaluá wak ku e hòmber ku mi ta bisa ku mi ta, di bèrdat ta asina òf ku ta un máskara mi tin ta kana kuné. Dikon? Pasobra mi ta kere ku si mi no ta mi mes 100% mi no por sirbi Boneiru 100%. Si mi no ta konsiente di ken mi ta mi lo no ta konsiente di ken Boneiru ta, pasobra ami komo boneriano ta kontribuí na e identidat boneriano.

E bèrdat

E bèrdat

E bèrdat ta un nesesidat humano, e ta sasia nesesidat di un manera òf otro di hende. No opstante kiko e konsekuensha ta, hende ta keda buska kiko ta e bèrdat. Sa tin bèrdat ku hende ta preferá pa keda skondí i otro bèrdat hende ta anhelá pa kompartí. Tin e bèrdat ku ta nèchi i e otro ta mahos. Tin e bèrdat ku no ta kumbiní i e bèrdat ku ta bentahoso. Tin bèrdat ku tin konsekuensianan masha desastroso i tin e bèrdat ku ta masha benefisioso tantu den áreanan personal, sosial i mundial.

E bèrdat, ta nos nesesidat ku ta asina esensial ku a inventá e mashin pa por detektá ki ora bo no ta papia bèrdat. E ta asina importante ku nos tin henter un kadena hudisial investigadó ku ta buska e bèrdat. Nos tin embahadornan ku ta buska pa yega na e bèrdat di tur kos. Nos tin mayornan (edukadornan) ku ta buska bèrdat di nan yunan, nos tin maestronan (enseñansa) ku ta buska bèrdat di studiantenan, fiskal (hudisial) ku ta buska bèrdat den aktonan ku nos sosiedat a prohibí, nos tin huesnan ku ta dikta ki ora un persona a base di mentira òf bèrdat ta inosente òf no ta inosente, nos tin pastornan (spiritual) ku ta aserká bèrdat for di e punto di bista spiritual, nos tin organisashonnan (sosial) ku ta buska bèrdat pa eksponé den nos sosiedat i nos tin instansianan internashonal ku ta buska bèrdat den interkomunikashon di paisnan ku ta dominando nos ekonomia. Asina tin mas. Dikon? Pa determiná kiko ta hustu òf inhustu. Pa a base di normanan universal, di un grupo òf personal por hinka e bèrdat ei den e malchi di hustisia òf inhustisia.

E bèrdat ta nos nesesidat. E ta algu ku nos ta anhelá sin ku nos tin ku hasi hopi esfuerso p'e. Dikon nos tin e nesesidat aki? Simplemente pasobra di orígen nos ta sernan egoista ku e abilidat di husga entre bon i malu. Nos tin e abilidat di por gaña i biba un bida di engaño. Keda sin papia e bèrdat hopi biaha tambe ta e kek di tin un sekreto. Sekresia ta algu ku ta kana man den man ku mentira. Sekresia ta na momentu ku bo por skonde tantu e bèrdat komo e mentira.

Mundu ta kambiando i nos ekonomia ta purbando di sali for di e buraku ku e ta aden. Hóbennan di awendia ta komuniká indirektamente mas mihó ku direktamente. Edukashon a bira algu ku ta pidi hopi improvisashon i kreatividat. Desaroyo general di un isla òf un nashon a bira masha dubioso. Tur kaminda tin skondementu di bèrdat. Den tur gremio di nos eksistensia. Ounke ku e gran sikólogo Abraham Maslow ta indiká kiko ta nos nesesidat básiko el a lubidá di integrá den su piramit e nesesidat básiko ku nos tin pa sa e bèrdat. Esaki ta loke nos ta hasi diariamente i den tur area di nos bida; na kas, trabou i den komunidat. Nos mundu ta drai rondó di e nesesidat aki.

For di chikí, sin ku tin e noshon di e palabra bèrdat un mucha sa kaba ki ora e por skohe di usa bèrdat òf skonde e bèrdat (saka mentira). Pasombra nos tin e abilidat di husga a konsekuensia di nos konosementu instintivo di bon i malu, nos ta sernan ku bon mirá for di chikí a siña kon pa deskonfiá hende. Ta dependé kon bo desaroyo i bo edukashon a bai, bo por krea un balanse entre konfiansa i deskonfiansa. Bo ta konfia na momentu ku bo ta kere ku e persona ku bo ta anda kuné ta bisa e bèrdat na bo bienestar òf ku e lo aktua genuinamente na bo benefisio. E persona ei lo no husga bo. Hopi biaha esei ta nos problema ku deskonfiansa, un mal huisio na bo persona. Di un otro banda deskonfiansa ta interpretashon ku abo ta duna na algu òf un ekspektativa negativo sin tin basenan konkreto. Esei ta bo bèrdat. Bo ta deskonfiá na momentu ku bo no ta kere loke e persona ei ta komuniká na bo. Bo mester di prueba, mester konvensé bo ku e bèrdat ta papiá. Nos sa kiko ta bèrdat i nos ta busk'é konstantemente, pasobra komo sernan sosial nos úniko forma di sosialisá ta atreves di komunikashon. Komunikashon por ta un bèrdat òf e no ta un bèrdat. Nos ta profeshonalnan den deskonfiansa.

Awor kiko ta e bèrdat tokante di nos isla Boneiru? Kiko ta e kosnan ku nos ta purba di mantené skondí i kiko nos ta purba di komuniká na nos mes i turistanan. Nos ta komunikando basá riba e bèrdat òf nos ta komunikando loke ku no ta bèrdat?

Manera a indiká kaba, nos ta manera tin nanishi di kachó pa hole kiko ta bèrdat i kiko nò. Porta lo bo no haña ku ta apropiá pa bisa pero Boneiru komo isla no ta papiando bèrdat. Komo isla Boneiru tin diferente lenga, esaki ta asina pisá ku no tin konfiansa den poblashon boneriano. E echo aki ta kibrando nos patria, nos union i a sabi di eliminá un vishon pa nos dushi Boneiru. Puntra bo mes, kon bo por konfia un isla ku ta dividí entre su mes?

Awor laga nos ban den e material aki ku un 'vergrootglas'.

Persepshon vs. e bèrdat

E definishon di persepshon ta; e abilidat di por mira, tende i bira konsiente di algu atraves di bo sentidonan.

Ehèmpel basá riba bèrdat di un hóben boneriano:

Un hóben a tuma parti na un kòntèst di pintamentu. E hóben aki gusta wak tiger i el a disidí di pinta un tiger pa e kòntèst. Ora e hurado a mira e pintura nan a bisa e hóben ku e ta deskualifiká pasobra no tin mag di 'trek over'. Ta parse ku e tiger ta asina bon pintá ku e ta parse un kos ku e hóben aki nunka lo no por pinta riba su mes dor ku e hóben aki na e momentu ei tabata tin 7 aña.

E bèrdat ta ku e hóben aki su tata a siñ é kon pa tuma midí di un pintura pa por pint' é segun midí. Despues di kasi 5 ora e hóben a pinta e tiger manera e plachi ku e tabata tin su dilanti sin 'trek over'.

Ta bisá ku persepshon ta mas fuerte ku e bèrdat. Ku esaki ta insinuá ku sa tin biaha e bèrdat no ta loke nos persepshon ta indiká nos. Hende riba su mes ora nan no por haña loke nan ke, nan nesesidat lo buska 'the second best', esei ta persepshon. Esaki ta loke nos sentidonan ta hasi. Nos sentidonan ta mará na nos manera di wak kos. Pero esaki hopi biaha no ta loke ta e bèrdat. Nos sentidonan ta limitá dor di nos edukashon nos kultura i kostumbernan. Nos konosementu general i nos eksperensianan personal. Persepshon tin su bentahanan pero e ta hopi peligroso na momentu ku bo tin e posishon di por usa bo persepshon pa tuma desishonnan ku tin influensia riba bida di otro hende.

For di e ehèmpel deskribí aki bo por mira kon un hurado a base di persepshon a trese un eksperensia negativo serka un mucha di 7 aña. Kaminda a akusá e mucha di algu, tanten tras di su pintura tabatin un invershon di su tata den dje di konosementu, tabatin 5 ora di pintamentu, pasenshi i dedikashon. Persepshon ta peligroso pasobra e ta dominá loke ta e bèrdat den promé instante i mayoria biaha e promé impreshon ta difísil pa bo kit'é for di den bo kurason.

E bèrdat hopi biaha no ta importante mas ora bo persepshon ta pará stabil bo dilanti. Di un manera òf otro e bèrdat ta pèrdè su balor ora bo persepshon tei ta grita den bo kurá.

Esaki tin influensia riba bo komportashon òf desishonan ku bo ta tuma na kas, na trabou, serka famia, riba kaya, na fiesta òf na un entiero. Aki na Boneiru nos ta masha bon den persepshon i masha malu den e bèrdat, esei ta un bèrdat ku hopi hende lo nenga. Pero nos sa presis dikon Janchi ta esun ku lo a hòrta pasobra bo sa su pasado, yu di ken e ta i ki tipo di famia esei lo tin. Den bo bèrdat ku ta un persepshon sigur sigur ta Janchi a hòrta. Tanten por ta kompletamente un otro persona. Aki, si un biaha bo kometé un eror semper bai e eror ei ta persiguí bo. Esaki ta algu ku ta kibrando hopi hóben aki na Boneiru. Persepshonnan ku no ta balansá dor di konosementu ta manera un kanser den nos sosiedat. Esaki ta un síntoma di loke nos ta yama un poblashon chikí. Pero e echo ku nos ta un poblashon chikí no ta impliká ku nos ta manera tur poblashon chikí. Pero den e kaso aki lamentablemente nos tin ku aseptá ku persepshon di hendenan aki na Boneiru hopi biaha ta loke ta dikta kiko pa hasi òf pensa. Si nos kue nos gobernashon, si pretu ta un koló ku ántes a hasi kos robes, e koló aki lo ta kasi di kompará ku un koló di diabel. Si e koló maron semper a bisa tur loke ta bon i a pretendé di ta loke hende ke mira e ora ei e koló maron ei ta manda pa semper. Ounke ku e bèrdat por ta nèt kontrali, esta ku pretu tabata hustu i maron inhustu.

Boneiru mester tene kuenta ku persepshon ta hopi peligroso i e bèrdat hopi biaha no ta esun di mas bunita òf na nos bentaha pero ta netamente loke tin mester pa por trese e direkshon ku ta nesesario. Hopi biaha nos ke un imágen positivo sakrifikando e balor moral.

Persepshon ta peligroso pasobra si bo haña bo ku un persona ku tin un kurason yen di doló òf rabiá, tur loke e ta persibí ta influensiá pa e sintementunan negativo aki. Aki na Boneiru nos tin un sosiedat ku ta influensiá pa religion i tambe e nostalgia na e kultura di ántes. Religion sin ku nan sa nan ta usa husgamentu diariamente apesar ku nan ta duna di konosé ku husgamentu ta robes. Riba nivel personal lidernan spiritual ta yuda hende pa no husga, pero komo grupo (iglesia) husgamentu ta aktivo. Si un hende den misa su yu kai será, e persona ei lo tin bèrgwensa òf nan lo papia tras di su lomba. Esaki no ta un persepshon di mi pero un bèrdat ku hopi hende no ke aseptá.

E kultura di ántes ta basa su mes riba eksperensianan i kustumbernan ku ántes tabata masha bon mes pa nos isla. Pero sierto kustumbernan no ta ehersé mas i e echo ku nos no ta ehersé nan ta hasi ku kualke inovashon introdusí for di prinsipio ta rechasá. Esaki dor di e sintimentunan di nostalgia na loke ántes tabata funshoná pa un pueblo ku den e tempu ei por a karga e tipo di kustumbernan ei. E nostalgia aki ta biba den kurason di nos generashon aktual ku ta devanesiendo.

Persepshon: e abilidat di por mira, tende i bira konsiente di algu atraves di bo sentidonan.

E problema di persepshon ta nos sirkunstanshanan. Ta nos sirkunstanshanan ta influensha nos interpretashonnan. Nos interpretashonnan ta masha en engañoso. Kasi nunka nan no ta meskos. Dikon? Pasobra nos interpretashonnan ta dependé di diferente faktor ku no ta státiko:

- Bo por ta kansá
- Bo por ta rabiá

- Bo por ta tristu
- Bo por ta deskonfiá

Tur e sirkunstansianan aki ta influensiá kon bo ta interpretá. Esaki ta buta ku persepshon ta mará na hopi posibilidat ku ta buta ku persepshon no ta algu ku por konsiderá komo e bèrdat. Persepshon hopi biaha ta trese konfushon i ta responsabel pa hopi problema innesesario.

E bèrdat na otro un banda semper ta trese oportunidat. Sea ta un bèrdat ku ta bon mirá òf mal mirá, semper e ta trese un oportunidat. E bèrdat semper ta incluí mas ku un persona, semper e ta benefisiá esun i ta den desbentaha di e otro kon ku bai bin pa tur dos e ta trese oportunidatnan nobo. Pero a yega tempu pa nos drenta den e materia hasié mas práktiko i mas rekonosibel pa un i tur.

E bèrdat di Boneiru en general

Nos isla di Boneiru ta un isla ku ya a pasa 18 mil habitante. Den nos habitantenan nos ta haña bonerianonan nasé na Boneiru, bonerianonan nasé na Kòrsou (esaki pa motibu ku tabatin un temporada kaminda mayoria boneriano mester a bai duna lus na Kòrsou) kurasoleñonan, rubianonan, hulandesnan europeo, venezolanonan, kolombianonan, dominikanonan, peruanonan i haitianonan. Ku otro palabra Boneiru ta multikultural.

Nos isla ta un di e islanan mas konosí pa nos panorama bou di awa. Sambuyamentu ta e motibu number un dikon turistanan ta bishitá Boneiru. Nos isla tambe ta konosí pa su playanan bunita, Klein Bonaire ku ta hopi gustá pa turistanan i tambe nos parke nashonal ku ta brinda panoramanan sensashonal.

Boneiru ta posishoná haltu den e deporte di 'windsurf' i awendia tambe 'Kite surf'. Nos hóbennan di Boneiru tin e luho di tin Sorobon kaminda nan por praktiká nan abilidatnan di 'windsurf'. Boneiru konosé kampionnan riba e tereno aki.

Kulinariamente nos isla ta tremendo. Nos tin restorantnan krioyo i restorantnan ku ta representá kasi tur e nashonnan ku ta habitá nos isla. Nos tin laman i nos tera ku ta proveé pa nos. Nos potensial di agrikultura ta fenomenal i meskos krio di bestia.

No isla ta disfrutá di enseñansa gratuito na skolnan básiko i tambe skolnan sekundario. Esaki tin komo benefisio ku Bonerianonan en general ta komprendé i tambe por komuniká den kuater idioma. Papiamentu, ingles, hulandes i spañó. Boneiru tin sufisiente yu di tera ku a bai den eksterior i bini bèk ku un enseñansa fiho i stabil pa yuda e isla desaroyá.

Boneiru tin den su kultura rasa indjan ainda ta kana ròmt. Nos tin e bario di Rincon ku a sabi di hala atenshon di nos islanan ruman pa selebrá dia di Rincon huntu. Nos kultura ta unu ku ta atraktivo pa hopi hende ku bishitá nos isla. E echo ku nos no tin lus di tráfiko i nos tin buriku i kabritu ku ta kana ròmt liber ta parti di nos ekselensia. Nos tin flamingo ku ta bini i bai, pelikan ku ta bula ròmt Boneiru, piskánan ku ta kompañá nos ora nos ta kana kantu di awa na malekon òf ora nos bai dal un 'drinks' na kualke restorant kantu di awa. Nos tin Seru largu ku ta brinda nos un bista ekspektakular di nos isla. Nos tin nos músika ku tin un balor tremendo durante nos festividatnan kultural.

E isla ta konosí pa su trankilidat. Boneiru no konosé fila e no konosé un kantidat ekstremo di polushon dor di outo òf kualke otro industria. Ainda e prikichi i e lora ta seif riba nos isla. Yuana, bo por yag riba nan kuantu ku bo ke pasobra nos tin na granèl.

Nos muchanan i hóbennan en general ta seif riba Boneiru. Tin kuido pa enfermonan i tambe tin e polisnan nesesario pa mantené òrdu riba nos isla. Nos sistema di lei ta sòru pa por kombatí kriminalidat.

Asina mi por sigui menshoná bèrdatnan di Boneiru ku ta konserní nos isla en general. Boneiru ta simplemente un paraiso spesial den Karibe. Esakinan ta bèrdatnan ku nos no por ignorá i nos no por desmentí. Simplemente nos tin un tesoro den forma di nos isla. Pero ainda tin mas bèrdat pa menshoná e bèrdat kaminda no ta masha biaha nos gusta menshoná pero ku den e buki aki si ta menshoná.

Mundu ta kambia, kulturanan ta kambia i meskos kustumbernan. Un sosiedat ta segmentá den diferente área. Mi a pasa superfisialmente riba nan, awor mi kier pone nan na òrdu.

Nos isla Boneiru en general ta un isla ku potensial ku ta pasando aworaki den aña 2014 den diferente kambio. Ta buta hopi atenshon riba nos sistema polítiko despues di 10-10-10. Esaki ta bin ku hopi negativismo, hendenan ku ta malkontentu i otronan ku semper sa mihó ku e hendenan ku nan mes a skohe. Nos gobernashon ta enfrentando hopi retonan den un tempu kòrtiku. Pero pa un isla asina chikí e bèrdat ta ku nos ta muchu negativo. Mi a kaba di menshoná asina tantu kos ku nos mester ta orguyoso di dje pero nos ta enfoká netamente riba e kosnan ku mester di mas desaroyo.

Un otro bèrdat ta ku nos konosé pobresa riba nos isla. Pero e pobresa ta un problema serio serka hendenan mayor di edat ku no tin un bon penshon i no tin niun otro forma di entrada i nan edat ta muchu haltu pa tuma inisiativa riba merkado laboral. Tin otro grupo ku ta yòn pero no a sabi di atendé ku finansa i no tin sierto abilidatnan pa mantené un trabou i ku a entregá i drenta pobresa sin tin e spiritu di bringa pa sali pa dilanti.

Un otro bèrdat ta ku nos isla tin hopi miedu. Miedu pa inovashon, miedu di konfia i miedu pa ekpresá opinion. E kultura te na sierto grado ta influensiá dor di miedu. Asina tur loke ta nobo ta tuma asina tantu tempu pa por tuma lugá aki na Boneiru. Tanten, ta kosnan ku mester risibí nos konfiansa i nos mester traha riba dje pa asina trese inovashon pa nos isla. Nos tin miedu di ekspresá nos pensamentunan òf nos opinion. Ta strañ̃o ku kada bes bo ta tende ku bonerianonan tin miedu di papia pasobra nan ta spera represaya di parti un partido polítiko òf un persona spesífiko. Esaki ta algu ku ta kibrando demokrasia riba nos isla. Di un otro banda, tin hopi malkontentu ku ta ekspresá na un manera muchu ofensivo ku ta kibra e poder di palabra. Boneiru tin miedu di papia spesialmente ora nos topa hulandesnan europeo òf hendenan den funshonnan ku ta duna hopi outoridat. E miedu ku tin riba nos isla ta kibrando nos. Un persona mester ta liber pa papia kiko ku e ke sin ku e tin miedu di represaya.

Tin e bèrdat ku hende no ke tende, esaki ta ku nos edukashon na Boneiru a bai atras drástikamente. E generashon di hóbennan di awendia ta asina deskonektá ku realidat ku kasi nos no por konta riba nan den futuro. Hóbennan ta falta hopi abilidat sosial i kualidatnan básiko manera pasenshi, perseveransia, dedikashon, disiplina, rèspèt, adaptashon etc. Nos hóbennan tin problema pa aseptá outoridat, nos hóbennan ta preferá di speibel en bes di bai skol i siña atendé ku problemanan ku ta entrená nan pa drenta e sistema laboral despues. Hóbennan no por solushoná un konflikto. Awendia nos hóbennan ta mas interesá den kosnan ku  básikamente nan no mester, djis pa nan tin e. E mundu digital ta kibrando nos komunikashon personal. Si nos hóbennan ta nos futuro e ora ei nos ta den problema. Pa hasi e kos mas peligroso, edukadornan /mayornan no ke aseptá ku algu ta saliendo for di man, te ora ku kos ta muchu lat. Awendia un hóben no ta falta e ta falta rèspèt ...no, ta ADHD (attention deficit hyperactivity disorder) e tin. Un hóben awendia no ta mal manera di porko e tin…..no, ta ADD (attention deficit disorder) e tin òf ta LVB (licht verstandelijke beperking) e ta. Tende rumannan, ADHD, ADD, LVB no ta un ekskusa pa keda sin siña un mucha manera. E ora ei si nos ke kore tuma tur konosementu for di eksterior pa splika dikon un hóben no por komportá su mes. Pero otro konosementunan for di eksterior ku ta benefisioso pa desaroyo di nos isla pero no ta benefisioso pa nos deseonan personal sí nos ke kore grita ku ta manda nan ke bin manda òf ku ta katibu nan ta kere ku nos ta. Rumannan, mester tin balanse.

Un otro bèrdat ta ku tin sinbèrgwensanan ku ta kibrando nos ekonomia aki na Boneiru. Tin negoshantenan ku sin niun klase di konsenshi ke saka minimal 300% di ganashi riba kada produkto ku nan tin. Esaki ta un kanser den nos sosiedat. Tin negoshinan kasi den tur sektor riba nos isla kaminda hendenan tin e mentalidat ku nan ke bira riku riba lomba di un pueblo chikí manera Boneiru. E bèrdat ta ku bo no por bira riku si bo negoshi ta solamente pa Boneiru. Si bo ekspandé bai pafó di Boneiru bo tin e oportunidat ei. Pero tin sinbèrgwensanan ku ta obligá nos paga 3 biaha e sèn ku un produkto òf servisio ta bal. E kos aki ta un bèrdat ku hopi hende no ke aseptá. Ta basta ku e kos aki, e ta un pensamentu ku a bin pa kibra nos sosiedat. Hendenan ta enfoká riba reglanan nobo ku ta perhudiká nan òf nan ta blo keda papia tokante di inhustisia ku ta pasa na Den Haag i e klase di kosnan ei. Pero nan no ta para ketu mira e sinbèrgwensa ku ta hasi mal uso di su posishon butando hopi boneriano den desbentaha.

Nos no ta mira ku ta apsurdo pa paga asina tantu sèn na limpiamentu di kurá òf laba outo di hende òf traha kas òf paga interes di pólisanan di seguro etc. etc. E echo ku dòler a drenta no ta nifiká ku kosnan tin ku bira eksagerá. Tin un kos ku nos ta yama konsenshi. Esaki tur komersiante òf negoshante mester por usa pa trese alivio pa sosiedat. Ken ta loko di pidi 1200 dòler na hür di kas pa un kas ku tres kamber ku ta ménos ku 100 m2 simplemente pasobra e ta na Belnem òf Republiek. Ken ta loko pa pidi 800 dòler pa un kas ku dos kamber chikí ku ta ménos ku 80 m2 den un bario simpel di Boneiru.No bin bisa mi ku e preis ta asina pasobra impuesto ta tòrnu impuesto ta bolbe. Ruman, si bo gana 300 dòler riba algu bo mester ta kontentu e kas di 1200 ei bon mirá su balor ta 600 pero na lugá di buta 300 ariba nos ke 600 èkstra. Meskos ku e kas di 800, porta su balor ta 400, enbes di buta 200 ariba nos ke 400 mas aserka. Ta sinbèrgwensanan ku ke chika tur hende pa nan por biba un bida di luho. Hendenan asina no ta semper hulandesnan, no, ta nos mes hendenan tambe ta komportá nan mes manera e shonnan di ántes ku ta chika tur nan katibunan. Porta si mi but'é na e manera ei nos por komprendé kon fèrfelu e situashon aki por ta. E kos aki ta un problema di nos manera di pensa i analisá kos. Mi sa ku hendenan ku ta den e situashon ku nan por hür un kas no ta gusta loke mi a bisa, pero e problema no ta sintá einan so. Ta henter un kadena di preisnan eksagerá ta bai su dilanti. Pa kuminsá e preis ku e tin ku paga banko bèk na interes, tambe e sèn ku ta kosta pa laga traha un kas awendia, tambe e preisnan ku trahadónan di den konstrukshon ta pidi despues e sèn ku tin ku paga pa regla papelnan legal. Tur ta buta ku e produkto final ta preisnan sumamente haltu.

Ta un problema di pensamentu. Tin un kaminda ku kos tin ku stòp. Aworaki mi sa ku na Hulanda tin sierto preisnan pa servisionan públiko ku ta hopi haltu. Anto fásilmente ta aseptá e preisnan ei pasobra nan por splika bon dikon e preis mester ta asina. Pero si bo wak bon e preis ta simplemente muchu haltu pasobra e porsentahe ku bo ke gana riba e kos ta muchu haltu. Esei tin ku baha. Nos ke kibra e tòp CEO nan pasobra nan ta haña bonus muchu haltu, awel riba nivel mikro nos tambe ta paga hende pa un kos kaminda e preis ta demasiado haltu i esei si nos ta aseptá tanten e ta di kompará ku un bonus ku no ta su lugá.

Tambe nos konosé e religiosidat negativo. Esun ku ke husga tur hende i ta traha klik kontra otro a base di beibel. Esaki tambe ta un kos ku ta reina riba Boneiru en general ku tiki hende ta rekonosé i aseptá ku e ta un bèrdat ku ta kousando hopi problema. Si bo ta atventista, katóliko, kristian pentekostal òf evangelista, testigu di Yehova òf musulman kon ku bai bin bo ta riba e isla di Boneiru i bo mester por aseptá pensamentu i kerensia di tur hende. E kos ta bira un problema ora bo kerensia ta saka e konklushon ku nan ta esun di mas mihó òf si hendenan no ta asistí na un misa e ora ei nan lo ta kana den mal kaminda.

Esaki ta un persepshon (husga a base di bo sentidonan) ku ta trese hopi problema aki na Boneiru. Dikon mi ta yam'é un perseshon? Pasobra no ta tur loke ku bo ta mira ku ta parse piká ta algu ku tin ku husga. Asina Hesus mes a hañ'é ku e muhé adúltero ku nan a gara na momentu ku e tabata kometiendo e akshon di adulterio. Aunke ku e tabatin tur ingrediente di ta un piká tòg Hesus a laga tur hende mira ku no ta pasobra e tin e señalnan di piká ku ta algu pa husga. E di ku e señora; "Bai i no peka mas". Kemen Hesus a rekonosé ku e akshon ta piká pero e husgamentu no tabata algu outomátiko. Esei si nos ta faya den dje. Nos si ta husga outomátikamente.

Tambe tin e husgamentu di pikánan moral hopi mas pisá ku e pikánan diario manera gañamentu, palabra malu, hòrtamentu, orguyo, etc. etc. Esakinan semper lo bo por atendé kuné pero e hòmbernan ku ta bebe i bishitá 'Pachi' si lástimamente, eseinan ta bai pèrdí sigur. E muhénan di bida i muhénan ku ta hasi meskos ku e hòmbernan ta hasi si lástimamente, e kastigu lo ta pisá, kuminsando ku eskluí nan for di e pueblo kreyente. Atrobe, mester di balanse. Dimes kosnan ku ta hasí ku ta kousa hopi daño ta basta problemátiko i sa tin biaha eskluí òf trese sanshon pa un persona ta pa su mes bon. Pero e eksageramentu di e kosnan aki si ta un bèrdat ku no ta pará den beibel, pero loke si ta pará den beibel ta ku mesun midí ku bo husga un hende abo lo wòrdu husgá. Lukas 6:37,38

No ta pa pòrnada Hesus no a kana ku e fariseonan i ta solamente ora e tabata hóben e tabata bishitá snoa. Ora ku el a kuminsá su tarea ku Dios a dun'é e tabata sa ku e no mester husga i den e misanan di den e tempu ei husgamentu tabata e kos pa hasi tur dia. Pa no kontaminá su mes ku e hendenan ei el a keda leu for di nan i na dado momentu el a asta yama nan generashon di serpiente. Nos tin ku paga tinu. Nos ta husga hopi.

E bèrdat tokante
e mentalidat boneriano

"There is no passion to be found playing small - in settling for a life that is less than the one you are capable of living."

"No tin pashon ora bo ta hunga ròl di ta chikí, den biba un bida ku ta ménos di loke bo ta kapas di biba."

Nelson Mandela

Mi a skohe e dicho di Nelson Mandela aki pa un par di motibu. Nelson Mandela ta un hòmber ku ami personalmente ta atmirá pa su mentalidat. No ta eksistí un problema pa e mener aki, tur kos ta un oportunidat. E ta honesto den su papiá i dor di loke el a pasa aden mi ta kere ku e sa kiko e ke fasilitá na hendenan ku ta skuch'é. Nelson Mandela a pasa hopi aña den prison pa djis e motibu ku el a para pa loke e ta kere den dje. Awor segun hopi hende e no a biba su bida ku tur potensia pasobra e tabata será den prison. Pero nada no ta mas eróneo ku esei. Nos mentalidat ta konektá un bon bida òf un bida ku kapasidat kompletu na kosnan material. Pero mi ke menshoná esaki hopi kla. Bo por midi si bo a biba un bida riba bo kapasidat kompletu atraves di e impakto ku bo nòmber laga atras ora bo muri òf e impakto ku bo tin riba sosiedat ora bo ta na bida.

For di den prison Mandela tabatin influensia riba sosiedat. Na momentu ku mi ta skirbi e buki aki Mandela a fayesé na edat di 95 aña. Pero prome ku ela fayese tabata konosí ku Mandela su nòmber lo aparese den diferente buki i ku e lo forma parti di nos historia.

E dicho di Mandela aki tin diferente interpretashon, pero mi ke splika dikon mi ta haña ku e ta pas den e mentalidat boneriano. E echo ku nos ta chikí no ta nifiká ku nos potensial ta ménos.

★ ★ ★ ★ ★ ★ ★

Un empresario aki na Boneiru ta buska hóbennan pa traha. Un hóben ta drenta puntra pa trabou i tanten ku e ta papia ku e empresario e ta evitá kontakto di wowo I ta reakshoná riba amistatnan ku ta para pafó. Ora a puntré si e tin pregunta su úniko pregunta ta kuantu e ta gana.

E hóben aki ta unu for di hopi ku ta buska trabou di e manera aki.

★ ★ ★ ★ ★ ★ ★

Den kaso ku nos kapasidat kompletu ta chikí no ta nifiká ku nos no por alkansá nos máksimo. Na momentu ku bo riparáku un isla ta yen di konflikto, hopi malkontentu i no tin pas ta pasobra e pashon pa alkansá loke bo ta kapas di alkansá a kuminsá flakia. Aworaki e pashon di Boneiru ta perdiendo forsa i nos ta blo skonde tras di e echo ku nos ta chikí i nos no ta enfokando riba kiko ta nos potensial máksimo. Dimes tin hende ku si ta hasi nan esfuerso pero e mentalidat boneriano en general ta den kuido intensivo. Nos pashon ta dekadente i nos a kuminsá stablesé nos mes ku un eksistensia bou di nos kapasidat.

Kon esaki por ta? Kon por ta ku nos a yega asina leu? Lesando esaki aworaki bo por bisa ku esaki no ta bèrdat òf ku bo no ta di akuerdo etc etc. Pero wak nos realidat, nos mentalidat boneriano no ta asina fuerte ku e ta produsí un bos. Nos tin boka grandi si, kontra otro pero nos no por yega forma un aliansa ku otro, nos no ta unu i nos ta laga nos mes mentalidat kibra nos na wèrki. Den kòrtiku mi ke enfatisá un par di atributo ku nos por detektá den nos mentalidat boneriano ku ta suptilmente eksistente pero fiel. Esakinan ta atributonan ku ta stroba nos pa alkansá nos potensial máksimo.

Mi a menshoná ku nos edukashon ta bayendo atras. Kon mi por midi esaki? Kon mi por yega na un konklushon asina aki? Si nos wak den nos siudadanonan trahadó bo por detektá un falta di konosementu i karakter profeshonal. Ta masha tiki hóben tin e kualidatnan di disiplina, pasenshi, perseveransia i dominio propio. Esakinan ta hiba na falta di rèspèt i e echo ku no tin konsiderashon ku otro. Esakinan tur ta konsekuensia di edukashon na kas i na skol. Si nos kue e tópiko por ehèmpel di nos pasado di sklabitut. Tiki hóben por konektá nos pasado ku nos presente i futuro positivamente. Mayornan na kas i maestronan na skol hopi biaha ta enfatisá e partinan negativo di nos pasado i no ta mustra e balor i moral ku nos por siña di e tempu ei, di e manera ei strobando nos den nos desaroyo komo persona individual i komo isla.

Pero konosementu sin e intepretashon apropiá i butá den e konteksto inkorekto, ta bira un peliger. Loke ku nos por mira ta ku nos pasado di sklabitut a marka nos sosiedat asina pisá ku ainda tin hende ta kana ròndt keriendo ku ta bon pa nos keda referí na komportashonnan ku tin paresido na sklabitut. No ta tur makamba ta kere ku e ta un shon òf ku e sa mas. Simplemente tin hopi makamba ku tin mal manera di porko i ku tabatin un edukashon europeo ku no ta klòp ku nos sistema. Ami konosé makambanan ku mi ta konsiderá boneriano pasobra despues di a pasa asina tantu tempu aki na Boneiru nan a komprondé kon nos kustumbernan ta. Tin algun makamba ku di bèrdat ta bin riba nos isla keriendo ku nan sa tur kos i ku nan por bin bisa nos kiko pa hasi. E ora ei nos mester tin e konosementu, karakter, edukashon apropiá pa por pone e persona ei na "waterpas". Sin ku nos tin ku bai den un 'flashback' i kuminsá mira nos mes komo símbolo di sklabitut i mira e makamba komo kapitan di un di e barkunan di

West Indische Compagnie. Tambe un otro aspekto ta ku no ta tur biaha ta makamba ta mira nos komo katibu, ta nos mes ta buta nos mes den posishon di un katibu pa medio di nos manera di pensa i hasi.

Edukashon ta buta ku nos por òf no por anda ku e situashonnan aki. Si mi kue por ehèmpel nos situashon for di 10-10-10 sin ku mi aserká e situashon for di un bista político mi por bisa esaki. Ami ta konsiderá nos Antia (islanan ABC) komo un triyiso. Kada un tin mesun mama i tata. Den e kaso aki nos tin mayornan kolonial. Aruba, Boneiru i Kòrsou komo triyiso tin tòg kada unu un karakter diferente. Aruba ta esun ku na edat yòn a disidí di sali bai for di kas i buska pa desaroyá su mes. Kòrsou semper a bisa ku e ke ta independiente i awor ku el a haña e oportunidat e ta purba di hasi esaki i Boneiru semper tabata sa ku pasombra e ta esun di mas chikí e mester desaroyá mas tantu promé ku e skohe pa sali for di kas. Awor nos no por tuma Aruba na malu pa hasi loke e ta kere den dje i Kòrsou tampoko. Nos eskoho no tabata esun di mas malu pero si un ku bo mester tin un vishon pa por tin sikiera un bista na unda bo ke bai. Si bo no sa unda bo ke bai e ora ei bo ta 100% dependiente. Pero si bo sa na unda bo ke bai e ora ei apesar ku bo mester di bo mayornan ainda bo tin un aktitut positivo pasobra bo sa ku un dia lo bo no ta kaminda bo ta awor.

Esaki ta buta ku ta hopi importante pa edukadornan por siña nos hóbennan pa forma un vishon. Si na kas nan no ta siñ'é hasié un tópiko pa diskutí na skol. Pasobra sin vishon bo ta hañabo ku e situashon ku mi a splika den e ehèmpel di hóbennan di awendia i nan pensamentu tokante di trabou. Sin vishon bo no ta bai niun kaminda. Vishon ta buta ku bo por komprendé e nesesidat di enseñansa, e importansia di forma un karakter sólido, di por usa konosementu i aplik'é korektamente. Si nos no hasi esaki e ora ei nos no por funshoná segun nos potensial máksimo. Ku otro palabra tur esakinan ta kosnan ku ta referí na nos mentalidat. Pero nos mentalidat tin mester di un motivashon pisá. seguidamente mi ta bai enfatisá e kosnan ku ta mas opvio den nos mentalidat aki na Boneiru.

▶ DESKONFIANSA

E boneriano tin deskonfiansa den nan mentalidat. Deskonfiansa ta hiba un persona fásilmente na pesimismo i pesimismo ta ruman di negativismo. E famia di e mentalidat di deskonfiansa aki ta un plaga aki na Boneiru.

Mi ke ta mas kla ku di dia, ku mi no kemen ku no tabata òf no tin motibunan ku ta buta ku nos tin e mentalidat di deskonfiansa. Nos historia, pasado i asta presente ta duna nos sufisiente motibu pa deskonfiá. Pero deskonfiansa ta limitá nos potensial. Kon ku bai bini mester kuminsá konfia bèk, esaki ta un desishon ku mester tuma. Anto nos komo isla ku ta kere den Dios, mester buta mas konfiansa den Dios ku den hende, tumando desishonnan mas mihó ku ta posibel pa asina yega na desaroyo pa un i tur. Boneiru, si bo ta deskonfiá bo sistema di edukashon, di hustisia, di polítika, di servisonan sosial e ora ei ta difísil pa bo biba. Manera mi a bisa kaba, deskonfiansa ta hiba na pesimismo i esaki ta ruman di negativismo. Negativismo tin dos manera ku e ta reakshoná. E ta ataká tur kos ku bini banda di dje òf e ta isolá su mes ku un aktitut di rabia. Deskonfiansa ta nos protekshon ku instinktivamente nos ta tuma ora nos tin miedu òf eksperensianan anterior ku tabata tin mal influensia riba nos den pasado. Kemen mi ta komprendé e funshon di deskonfiansa, pero tambe mi ta enfatisando e desbentaha di deskonfiansa.

Ta konosí ku deskonfiansa ta stroba inovashon, e ta bagatelisá lidernan i e ta kibra posibilidatnan pa desaroyo. Si den un relashon bo ta deskonfiá e persona di kual bo tin ku komuniká kuné e ora ei ta masha difísil pa e relashon ei alkansá su potensial máksimo. Bo tin ku kuminsá rekonosé bo lugá i esun di e otro. Bo mester por ta habrí pa skucha i sondia kiko ta bini riba mesa. E mentalidat di deskonfiansa di bèrdat ta kibra tur kos na wèrki. No por tin progreso kaminda tin deskonfiansa. Lo tin negativismo ku ta profilá su mes aktivamente òf pasivamente pero e kos ta ku kosnan negativo ta mas atraktivo ku kosnan positivo. E bèrdat ku ta mas profundo den esaki ta ku tin un sírkulo visioso den pesimismo i negativismo:

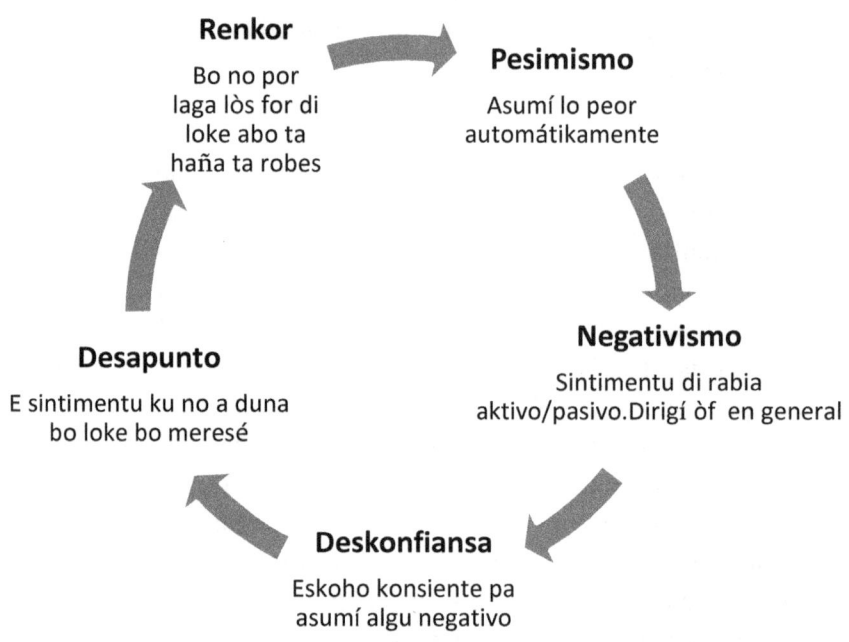

Ban mira Boneiru, mi tin rèspèt pa pasado i mi no ta ignorá kosnan ku por indigná hende òf desapuntá hende den nos presente. Pero ta kon Mandela lo mester a reakshoná ora nan a ser'é inhustamente? Kiko e mester a hasi ku su indignashon, rabia, desapunto i tristesa? El a skohe pa un mentalidat positivo, den prison el a alkansá ekselensia den su personalidat. Ta den prison el a transformá su mes den un hòmber ku a biba su potensial máksimo. Kada problema ta un oportunidat i no un motibu pa pesimismo, negativismo, deskonfiansa, desapunto i renkor. Ami ta haña ta basta! Kue un posishon personal di positivismo. E bèrdat profundo di e asuntu aki ta lo siguiente. Den un konflikto òf un suseso ku abo no a gusta òf ku a hasi bo daño, i bo bira pesimista, negativo, deskonfiá, desapuntá i yen di renkor, loke den esensia ta pasando ta ku abo no ta tumando bo parti di responsabilidat den e asuntu. Hende por faya ku bo pasobra ta hende nos ta keda. Un maestro na skol, bo shèf na trabou, bo kasa na kas, bo 'brother' di for di chikí, bo bisiña etc etc. Pero abo tambe ta parti di e problema i konflikto. Kiko abo a hasi pa preveni? Unda abo a hasi algu ku por a kousa ku e otro persona a sintié ofendí ku ta hiba na tur e sintimentunan negativonan ei? Kòrda ku tur interakshon tin minimal dos persona involukrá. Ta abo su personalidat ta determiná ku kos ta kaba positivo òf negativo. Semper tin dos banda di e moneda i e dos bandanan ei ta forma algu ku tin potensial i ta balioso.

➡ SOBREBIBENSIA

Nos tin tambe e mentalidat di sobrebibensia. Ora bo ta sobrebibí bo no ta mira pa otro, bo ta mira pa abo. Esaki ta e motibu dikon nos no ke pa otro hende prosperá. Esaki ta buta ku esnan ku tin negoshi ta purba di chika e pueblo pa e si tin un bon base. Enbes di kambia nos limitashonnan ku ta buta ku nos no ta sali pa dilanti nos ke limitá esun ku si ta desaroyando su potensial máksimo. Ora bo ta sobrebibí bo ta keda kompará. Mi potensial máksimo no ta bo potensial máksimo. Mi krus ta ami so por karg'é, kemen mi potensial ta trese retonan ku ami so tin ku atendé kuné i ku hopi biaha hende no sa di nan. Kemen komparashon ta nèt robes. Den sobrebibensia bo ke kompará pa asina hasi lo posibel pa abo ta ariba.

Nos mentalidat di sobrebibensia ta buta ku nos no por wak mas aleu. Ora bo ta sobrebibiendo bo ta wak e awe i aworaki i no e mañan i futuro. Bo tin asta miedu di pensa riba futuro pa bo no keda desapuntá. Aki na Boneiru bo no tin nodi di sobrebibí. Nos tin ku aseptá nos potensial òf sigui desaroy'é te ora nos alkansá esun máksimo. Pero awor ta basta ku keda enfoká riba otro hende i ta tempu pa bo enfoká riba bo mes. Kuminsá awe. E otro banda di sobrebibensia ta biba. Biba bo bida den su potensial kompletu. Ora bo ta biba bo bida, di bèrdat bo ta disfrutá di awe, bo ta plania pa mañan i bo ta asumí ku bo futuro lo ta positivo. Bonerianonan mayoria biaha ta negativo pa ku futuro. Ta manera nos ta e bufalonan den mondi ku ta blo warda ki ora e leonnan ta bin ataká nan. Nos ta blo enfoká riba loke ta un peliger òf loke ku no ta bon. Asina bo no por biba tòg? Nos ta manera warda ki ora barku ta bai pega òf ki ora e desishonnan tumá awe lo bai prueba ku e desishon ta un desishon mal tumá. Ami no konosé niun kunukero ku ta planta ku pesimismo, asumiendo ku e maishi lo no nase. Bo ta planta ku ekspektativa. Ora bo ta biba, bo nivel di ekspektativa positivo ta haltu. Si bo ta sobrebibí bo nivel di ekspektativa di peliger òf kosnan negativo tambe ta haltu. E bufalo a skohe pa kana den grupo kaminda nan por konfia riba otro. Ora e leon bini nan ta forma un tim i nan por asta mata un leon si esaki ta nesesario. Pero nan ta uní i den union nan no ta na peliger. Si un di nan ta negativo den nan posibilidat di triunfá bo ta riparán ku nèt esei ta esun ku lo ta mas debil i muy probablemente lo konfrontá e leonnan kara kara.

Nos tin ku stòp di sobrebibí. Laga nos kuminsá disfrutá di nos bida, e bèrdat ta ku Boneiru tin muchu hende lastimá ta kana rònt. Muchu hende ku ta pesimista ku a drenta e sírkulo visioso. E hendenan ku ta positivo ta muchu pasivo i e pueblo mester siña balorá notisianan òf kosnan ku ta positivo i no disfrutá di kosnan ku ta negativo. Por ehèmpel e euforia riba redu, ora kuerpo polisial hasi algu ku bo no gusta òf ora bo primu ku bo ta envidiá haña un aksidente ora e maestro di bo yu a bira malu ora un polítiko ta pasa den kosnan fèrfelu personalmente òf loke sea. Nos no mester lubidá ora nos ta den misa ku nos tur ta grita amen ora pastor bisa ku nos tin ku stima nos próhimo manera nos mes. Mi ta asumí ku na Boneiru no tin hipókritanan ku ta kana ront.

➡ LIMITASHON

Nos tin un mentalidat ku ta limitá nos mes. Sea nos no tin sufisiente konosementu, nos no tin kurashi òf nos no ta konsiente di nos mes potensial. E tres K-nan aki ta determiná si un pueblo por desaroyá i nan ousensia ta limitá e pueblo. Nos mentalidat ta limitá mi rumannan. Tin hopi boneriano ku no tin e konosementu nesesario. Awor bo por bisa ku no ta henter pueblo mester tin konosementu pa e pueblo por desaroyá. Esei ta bèrdat. Pero pasobra tin e problema di deskonfiansa, kon abo ku no tin hopi konosementu ta bai konfia unu ku si tin e konosementu nesesario? Kon abo ku no tin kurashi ta bai konfia esun ku si tin kurashi? Kon abo ku no ta konsiente ta aseptá unu ku si ta konsiente hasi abo konsiente? Bo ta komprendé ku dor ku nos mentalidat ya tin deskonfiansa den dje ta difísil pa unu ku tin e konosementu i solushon pa algu en realidat por realisá esaki?

Awor, mi sa ku tin hende ku abilidat di papia bon pero sin tin konosementu. Mi sa ku tin hende ku ta hunga ròl di tin masha kurashi pero ora di hurado nan ta vris bira steif steif. Mi sa ku tin hende konsiente di sierto kosnan pero ku no ke move nan dede pa kambia nada.

Wèl esaki ta e bèrdat ku ta limitá nos pueblo. Nos mentalidat ta limitá nos mes. Bo ta bai wak ku lo tin diferente reakshon riba e buki aki. Esun ta kontentu i ta di akuerdo, e otro ta kontra i ta sinti su mes ofendí i otronan ta asumí kosnan di ami komo eskritor sin buska drechi kiko e motivashon pa ekspresá kosnan di e manera konfrontante aki. Dikon? Atraves di e buki aki mi ta usando e tiki konosementu ku mi tin (huntu ku mi abilidatnan) tumando kurashi di publiká e tópiko ku por ta konfrontante siendo konsiente di e posibel reakshonnan (ku ami ta asumí ku lo ta positivo apesar di e reakshonnan ku lo bai tin ku ta ménos plasentero) Mi no ta limitá mi mes dor di no hasi nada ku mi tres K-nan. Mi mester hasi algu ku mi tres K-nan sino mi ta limitá mi mes den mi mentalidat. Mi pregunta ta, Boneiru…..nos tin e konosementu ku ta nesesario? Nos tin kurashi? Nos ta konsiente di nos posishon i nos kondishon?

"No tin pashon ora bo ta hunga ròl di ta chikí, den biba un bida ku ta ménos di loke bo ta kapas di biba".

Ami ta konvensí ku e pashon ku nos ya a manera pèrdè ta a konsekuensia di e echo ku nos no ta enfokando riba nos kapasidat máksimo. Nos ta enfoká riba nos limitashonnan, nos dolónan, nos pasado, nos enemigunan, nos ta den e sírkulo visioso. Nos tin ku sali for di dje. Tur hende tin ku tuma nan responsabilidat den pueblo. Wak kiko ta bo konosementu i but'é na servisio di bo famia promé, despues bo sosiedat. Kontrolá wak kiko ta stroba bo di tin kurashi. Abo ruman, por yuda kambia henter un nashon si bo djis ta kana ku un mentalidat ku ta stimulá bo desaroyo personal. Nos mester siña verbalisá kiko ta nos metanan, kon nos por kontribuí na nos sosiedat. Nos mester por verbalisá unda nos ke yega personalmente, komo un famia i komo isla. Nos mester di e pashon ei ku ta stimulá nos biba un bida energétiko, positivo i ku speransa. Si nos no por verbalisá unda nos ke bai, nos ta keda pará mes kaminda.

E bèrdat di e pueblo boneriano

E echo ku nos tin un poblashon asina chikí ta buta ku nos tin un mentalidat di un pueblo. Den mentalidat di un pueblo chikí tin un par di área ku ta dominá. Religion, komportashon general, presensia di gruponan apartá, e dilema di famia.

Religion semper ta e faktor ku ta influensiá e pensamentu moral di kada pueblo chikí. Ora hóbennan sali pa bai Hulanda nan ta enkontrá nan mes den un shòk kultural kaminda nan ta realisá ku nan pensamentu di un pueblo chikí ta masha limitá. Tin kosnan ku nan no a yega di para ketu na dje kaminda den un poblashon grandi si nan a atendé ku algun kos kaba. Dor ku e influensia religioso ta penetrá den nos interpretashon moral bo ta mira ku den un pueblo tin un nivel haltu di miedu i di husgamentu. Esaki ta algu normal. E religion ta duna sierto limitashon ku kada poblashon mester pero hopi biaha e limitashonnan no ta den balanse. Asta Merka a kuminsá nan desaroyo for di un influensia grandi di religion. Pero awendia no ta religion ta duna nan limitashon mas pero estudionan, resultadonan di sondeonan i e filosofianan di bida i e influensia di gruponan aktivo. Asina bo por mira ku na Merka hopi hende a base di nan prinsipio religioso, moralmente nan no por aseptá ku homoseksualnan por kasa. Na otro banda no ta hopi tempu pasá ku esaki ta posibel den sierto estado na Merka. Ta un par di estado ta asina desaroyá den derechonan humano i e filosofia di e libertat ku kada persona tin ku nan a aseptá e nesesidat di e grupo di hendenan aki i a rekonosé den lei di nan estado. Esaki ta un ehèmpel ku nos tambe a pasa aden. Komo pueblo boneriano nos no ta pará mashá habrí pa kasamentu entre homoseksualnan simplemente pasobra e palabra di Dios ta kondena esaki segun nos interpretashon di e palabra. Pero na Hulanda esaki ta otro, awor ku nos ta parti di Hulanda nos ta haña nos konfrontá ku e lei ku na Hulanda ya ta konosí i mayoritariamente aseptá. Dor ku tin kada bes mas tantu hende ku ta bin purba di establesé nan bida aki na Boneiru for di eksterior bo ta mira ku nos pueblo su mentalidat ta bai kambia tiki tiki. Hendenan ku bini for di Hulanda no tin problema ku loke e pueblo aki den traskurso di añanan si tin problema kuné. Un pueblo ta kambia a base di e poblashon. Ta p'esei na Merka pero tambe den Latino Amérika no ta tur habitante di un pueblo ta pará habrí pa hendenan ku ke bin establesé nan mes serka nan. Ta pensamentu nobo ta bini i esei ta un peliger. Ta p'esei tin den kada pueblo un grupo ku lo sinti nan mes yamá pa siña e habitantenan nobo kon nan tin ku adaptá nan mes na e kustumbernan i pensamentunan di e pueblo.

E komportashon general di un pueblo ta ambivalente. Entre nan ku nan nan por ta masha falsu husgando otro te na morto. Pero di mesun banda nan por uni hopi lihé den kousanan ku nan ke òf no ke asepta. Pero den e kaso ei mester di un lider ku por influensiá e grupo. Ta p'esei si bo tin un lider ku no tin masha konosementu e pueblo ta tuma desishonnan òf hasi kosnan ku ta eróneo. Anteriormente den tempunan difísil kaminda hendenan tabata mas dependiente di otro tabata tin un esfera di hermandat i un sintimentu mutuo. Pero hóbennan semper ta trese kambio den sosiedat. Si nos wak e simpel echo ku komunikashon a kambia atraves di e mundu tékniko i virtual, lo bo por mira ku influensia di afó ta birando mas i mas grandi riba nos pensamentu. Hóbennan ta sinti nan mas konektá primeramente ku internèt i sekundariamente ku hende. Nan mester di internèt pa 'wassap' nan konosínan. Hermandat ta desvanesiendo for di nos komportashon general.

Ku binida di globalisashon kaminda komunikashon atraves di internèt ta posibel, portanan a habri pa un i tur pa drenta Merka, Oustralia, China etc, atraves di nan kòmpiuter. Esaki ta buta ku e komportashon general ta kambia dor di ehèmpelnan/ influenshanan di afó. For di un aktitut pasivo nos ta birando mas agresivo pa hasi nos punto kla pasobra nos ta lesa mas i nos ta atkerí mas konosementu di kon kosnan ta den mundu. E komportashon di un pueblo por ta hopi fèrfelu i aseptashon di otro ta bira masha kompliká.

Tambe den un pueblo bo ta mira klaramente gruponan apartá. Ken ta esnan ku tin mas sèn. Bo ta mira ken ta esnan ku tin ménos i esnan ku por echa baina den sosiedat. Tin diferente klase i dor di esei semper ta keda e aspekto di envidia. Esaki ta un desaroyo di último disenianan ku tambe a tuma lugá aki na Boneiru. Ora nos papia di ántes nos ta papia di tempunan kaminda bo por a drumi ku porta i bentana habri. Bo outo no tabata na peliger i bo pertenensianan no tabata ophetivo di bo bisiña. Apesar ku tabatin famianan mas riku ku otro tur hende tabata aseptá nan situashon sin problema. Pero atrobe kosnan a kambia. Nos ke loke e otro tin. Nos no ke traha duru pa yega na algu, sino nos ta konsiderá nos mes katibu. Nos no ke hasi nada èkstra ora nan ta paga nos pa un sierto trabou, no, nos ke mas pero hasi ménos. Dor di internèt atrobe nos por mira kiko tur tin den e mundu eifó i dor di esei loke nos ke ta kambia i meskos loke nos ta eksigí i esaki ta sòru pa kambio den nos sosiedat. Antes nos tabata satisfecho, pero awor nos a mira i tende tokante mas kos i nos ke mas. Apesar ku esaki ta algu normal ta masha esensial pa e desaroyo aki keda den balanse sino nos ta bira materialistanan den e estado di sobrevivensia i esaki ta un kombinashon ku ta sumamente peligroso. Asina nos por mira ku den e temporada aki kaminda hulandesnan europeo ta bin traha aki na Boneiru nos tin problema ku esaki pasobra fásilmente via internèt por deskubrí kuantu un persona ta gana na Hulanda na euro i kiko nos ta gana aki na dòler. E konosementu ei ta buta ku nos ke mas òf ta haña kos inhustu i esaki ta trese ku un par di hende ku ta desidido ta hasi e kos un problema den nos sosiedat. Kemen e komportashon general di nos pueblo boneriano ta influensiá dor di desaroyonan global i den esensia kambio mester bini den nos manera di pensa. Pero kambio balansá dor di konosementu i vishon. Pasombra na otro banda nos tin e miedu genuino ku kosnan ta drenta nos isla sin ku nos por premirá kiko lo ta e konsekuensianan. Esaki te buta tambe ku kambio ta bira un desaroyo ku no ta deseá pasombra no ta tur hende por balansá kambio. Esaki ta buta ku e gruponan ku ta apartá ta juist bira un problema mas grandi.

Tin hopi prehuisio tokante di aktut di pueblonan. Si mi por menshoná algun, esakinan lo ta esnan di mas konosí;
- un pueblo chikí ta konsiderá komo un pueblo kaminda hendenan di afó no ta mashá gustá, ideanan nobo no ta aseptá,
- miedu pa kambio ta presente,
- gruponan ku ta anti tur kos i otronan ku ta hendenan ku ta sigui esnan ku ta mas dominante.
- Tur hende konosé otro kousando di e manera ei ku e nivel di husgamentu ta subi.
- Ignoransia di desaroyo general ta presente

Awor si nos tin ku buta Boneiru bou di 'vergrootglas' no ta asina ku nos ta mira tur e puntonan aki. Boneiru ta husga, tin miedu i ta ignorante riba siertu áreanan. Pero no ta asina ku nos komo un pueblo chikí no por papia riba nivel internashonal i ku nos no tin e abilidat di por desaroyá. Ta nos mentalidat ta limitá nos. Nos tin envidiá ku ta mata i nos tin e husgamentu ku ta asesiná i nos falta e patriotismo ku mester pa trese union apesar di nos diferensianan. Patriotismo ta loke ta uni dos hende ku no ta di akuerdo ku otro riba kualke área, pasobra na final e interes komun di mira bo isla desaroyá ta pará mas sentral ku bo interes personal. Pero esaki ta loke ta nos problema aktual, Nos tin hopi problema ku e kos aki. E ta manifestá su mes den lo siguiente.

➡ Fásilmente ofendí

Ofensa segun dikshonario ta ora bo tin resentimentu òf bo tin sintimentunan ku a insultá bo. Esaki a konsekuensia di un akshon kontra bo òf un interpretashon eróneo di abo su banda basá riba abo su referensianan (kiermen no ta un ofensa bisto sino un interpretashon). Tin hende ta bisa ku ofensa ta un eskoho, ku otro palabra ku abo mes ta pèrmití ku un hende por ofendé bo. Tin múltiple situashon kaminda ofensa por hunga un ròl. Mi ta kòrda dia mi a yega Hulanda komo un gai yòn studiante mi no tabata komprondé tur palabra na hulandes. Asina un biaha mi a bai den diskushon ku un persona. Pasombra e persona ku tabata un hulandes blanku a usa un palabra ku ami no tabata konose i mi a interpret'é komo algu negativo i mi a sinti mi ofendí. Despues di aña mi a topa ku e palabra ei atrobe ku a krea un reakshon negativo serka mi den mi trabou. E ora ei mi a haña mi ta buska nifikashon di e palabra ku ta nifiká kompletamente algu otro ku loke ami tabatin den mi kabes.

Fásilmente mi a sinti mi ofendí pasobra mi no tabatin e konosementu di e palabra. Mi a asumí ku e palabra ei ku e persona a usa tabata pa ofendé mi, loke no tabata e kaso. Ta ami su falta di konosementu i un tiki orguyo mesklá aden a buta ku mi no tabata tin e humildat di puntra kiko e persona ei tabata kemen i a skohe pa sinti mi ofendí.
Esaki ta pasa aki na Boneiru tambe, no netamente tokante palabranan ku ta usa pero e echo ku nos ta skohe pa laga nos sinti nos mes ofendí fásilmente.

➡ No tin union

Segun mi, ta lógikamente ku ora bo ta sinti bo ofendí, union ta algu hopi fèrfelu pa alkansá. Mi no por komprobá loke mi ta bai bisa aki atraves di un bon sondeo. Pero e impreshon ku ami personalmente tin ta ku e union ku Boneiru tabata konosé ántes den añanan 1970-1985 ya no tei mas. Aworaki nos ta enfoká riba e binida di Hulanda pero den temporada ku Kòrsou tabata esun na mando den Karibe tabata meskos. Nos no ta uni pa logra algu komun ku ta benefisioso pa nos isla pasobra simplemente nos no por yega na un akuerdo kiko nos ta haña ku ta benefisioso pa nos isla. Tin asina tantu pensamentu òf ideanan ku ora buta un di e ideanan ei un kantu e grado di sintimentu di ofensa ta asina pisá ku e sintimentu ei ta transformá su mes den un aktitut di kibra kada intento di union. Echo si ta, ku ta difísil pa nos uni aki na Boneiru, no ta imposibel pero difísil. Union ta hasi forsa nan ta bisa. Union pa un kousa ku ta benefisioso pa mayoria i ehekutá apropiadamente ta trese kambio sigur. Nos mester sa ku nunka bo no por hasi tur hende kontentu. Esaki no ta eksistí. Dikon? Simplemente pasobra komo hende nos ta diferente den nos identidat personal i esaki ta buta ku loke nos ke semper lo diferensiá for di otro.

➡ Orguyo i Kabesura

Orguyo ta den esensia algu ku ta bon. Tur hende mester ta orguyoso di nan mes, nan famia, nan logronan. Pero orguyo ku ta kombiná ku kabesura si ta un kombinashon ku ta bira masha peligroso. Orguyo riba su mes ta un sintimentu e ta, kabesura ta un estado mental. Den bo mente bo no por laga lòs for di kosnan manera abo ta mira nan. Si bo ta orguyoso di un idea ku abo tin i tin argumentonan dikon e idea ei mester wanta un ratu, bo kabesura lo bai purba di pusha e idea tòg i esaki lo por trese problema. Un hende kabesura den un kaso asina lo keda purba, papia, grita i hasi fèrfelu te ora e haña loke e ke. Esaki ta peligroso pasobra un hende kabesura lo stòp solamente si algu pasa ku lo por shòk e. Sa tin biaha e shòk aki por ta hopi fèrfelu pa e persona mes pero tambe su famia. Mi ta bisa semper ku kabesura ta e ruman ohochi di perseveransha pero ku un motivashon negativo.

Nos tin e otro problema ku yama famia. Kasi tur kaminda bo ta topa un famia òf konosí di bo famia òf primu di bo primu òf kasa di bo 'brother' su ruman ku alaves ta bon amigu ku bo ruman mas chikí. Asina nos ta keda topa famia, konosínan di famia i esaki den tur gremio di nos sosiedat. Dor di esaki hopi hende sa bo kosnan personal pasobra dimes redashi no ta keda afó. Hopi fásil por husga bo di ta un hende ku no tin integridat pasobra bo a hasi un kos pa un famia, tanten ta hopi difísil pa bo keda sin yuda famia pasobra esaki ta plama sanger malu. Despues bo mes famia ta kuminsá kondena bo i no tin nada mas fèrfelu si bo mes famia ta kontra bo. E ora ei unda ku bo bai bo lo tin mal nòmber. Famia ta algu masha fèrfelu den konteksto di un pueblo chikí. Esaki ta hunga un ròl riba nos isla. Hopi biaha bo ta forma un opinion di un hende basá riba ken e ta; yu, ruman, primu òf aktuprimu di ken. Si den bo generashon anterior un hende a hasi algu malu e ora ei e chèns ta grandi ku bo lo sinti e efekto di esei.

Esakinan ta bèrdatnan ku nos tur ta bisa, "ta bèrdat hòmber". Pero ora e bèrdat aki yega na nos porta e ora ei nos ta lubidá tur kos. Pero esaki ta bèrdatnan simpel pero masha opvio riba nos isla.

E bèrdat trágiko

Mi tin ku ikluí e kapítulo aki na e buki. Esaki ta di importansia klave pa un i tur ku ta lesa òf ku ta bai kompartí e kontenido di e buki aki ku kualke otro persona.

E bèrdat trágiko di Boneiru ta ku no tin herensia produsí, òf no tin heredero den posishon pa risibí e herensia ku tin. E frase ei por ta no ta bisa bo mashá kos pero netamente ta e frase aki ta bai determiná ekstremadamente hopi kos den nos futuro serkano. Esaki ta loke tin nos plat plat i ku kualke forsa di afó por bin i eherse influensia riba nos. E bèrdat ta ku hopi boneriano tin ku kuminsá for di sero. Prepará pasobra e siguiente ku bo ta bai lesa aki por tin impakto pisá riba bo i por ta hopi konfrontante.

E desaroyo di un pais, kontinente, isla i asta bario ta dependé di loke ku e tin. Loke e tin ta dun'é su fama, su balor ta atraé atenshon i e ta dun'é su bentaha. Boneiru hopi biaha ta mirá komo un isla kaminda tin herensia kultural i prinsipalmente di naturalesa. Esaki a buta ku nos ta balorá komo e "divers paradise", nos ta haña atenshon internashonal pa nos naturalesa. Na e otro islanan nos tin un bentaha pa ku esaki. Esaki ta nos pertenensia ku ta buta ku generashon tras di generashon nos ta difrutá di e entrada turístiko komo konsekuensia di e naturalesa ku nos tin bou di superfisie di laman. Esaki ta nos herensia risibí di nos naturalesa ku ta un herensia pa nos pueblo riba su mes. Algu ku nos tin ku aseptá i sòru ku e generashon ku ta biniendo por duna e herensia aki mesun rèspèt i balor.

Esaki riba su mes ta un bentaha ku ta buta ku Boneiru den potenshal tin algu pa profilá su mes. Boneiru por kompetí riba e área aki i sòru pa entrada pa e pueblo. Si nos transladá esaki na nos situashon personal òf familiar e bèrdat ta ménos nèchi. Tin hopi hende aki na Boneiru ku no tin un bentaha pa kuminsa partisipá den sosiedat. Nan ta yu di un persona ku a hasi algu ku a buta ku awor e tin un mal fama i komo tal ta den desbentaha. Dor di esaki e no por partisipá normal den sosiedat òf mester traha masha duru pa por yega na loke e tin ku yega pa asina por sòru pa su famia. Asina tin hopi mas ku ta kuminsá na sero i no tin nada pa konstrui riba dje.

Tin hende aki na Boneiru ku tin propiedat di tereno, otronan tin negoshinan ku ta kana bon i otronan tin kasnan trahá. Pero den e generashon di aworaki nos tin e problema ku sea no tin herensia pa duna òf tin muchu problema rondó di e herensia ku ta impidí ku e herensia ei por sigui desaroyá i ta di servisio pa un famia òf asta famianan. Dor ku nos a bira materialista e manera ku nos grandinan tabata anda ku nan herensia ta kompletamente otro kompará ku awendia. Tin hopi herensia wantá den prosesonan legal simplemente pasombra nos sanger indján ta buta ku nos no por yega na un akuerdo familiar pasombra esun ke mas ku e otro òf no ta di akuerdo ku tal kos i ta ninga pa firma òf ta ninga di paga etc. etc. Asina herensia ta keda pegá. Mi a komprondé ku asina tin hopi terenonan propiedat aki na Boneiru ku ta wantá. Tin otronan ku a bende ku ekstranheronan pasombra e preis ku ta butá pa e terenonan ta asina ekstrabagante ku un yu di tera no por kumpra nan. Atrobe e desaroyo materialista a buta ku nos ta preferá di bende tera di Boneiru ku ekstranheronan enbes di sea ménos materialista i buska un yu di tera ku ke hasi algu ku loke bo tin ku ta di balor. Esaki ta buta ku nos yunan di tera ta kuminsá nan partisipashon den sosiedat den desbentaha, pasombra hopi pertenensia di nos hendenan ta bai na hendenan ku tin kapital kaba ku ke sigui ekspandé òf hendenan ku a hòrta kos di hende. E trahadó honesto hopi biaha ta solamente Dios lo por habri portanan p'e sino portanan ta keda será dor di nos mes hendenan.

Mi a komprondé ku hopi hende a haña terenonan propiedat serka gobièrnu di un manera masha straño. Otronan a pidi i a keda sin haña i tin esnan ku asta a pèrdè tereno òf pertenensianan atraves di forsanan polítiko depende e kolor ku bo skohe p'e. Mi no ta bai muchu den e detayenan pasombra ami mes no tabata tei i por ta mi no a ni nase ahinda. Pero ta bisto ku famianan ku no tabatin mashá, aworaki tin hopi sin ku Boneiru tabata un isla ku tabata produsí hopi te pa yega na hopi sèn. E desaroyo aki a heridá hopi hende. Tin hopi hende ku ta desapuntá den nos mes hendenan i nan tin doló. Ta difísil pa aseptá ku bo mes hendenan a skohe pa buta nos mes hendenan den desbentaha strobando hopi hende pa drenta nos sosiedat ku un oportunidat legítimo. E kosnan aki, ta prinsipionan bíbliko, un dia tur kos ta sali na kla. E pueblo humilde semper kontentu ei no ta nos situashon di awe mas.

E kos ku mi ke a yega na dje ta lo siguiente. Hopi hende ku tin awe ta pasobra nan a risibí ántes. Hopi hende ku a traha duru pa nan por tin algu awe ta paso a invertí den nan ántes. Un herensia ta proveé un komienso mas fiho. Sea ku ta un pida tereno, un kas òf sèn, un bon nòmber, kiko ku e ta, ta algu ku ta duna bo un punto di salida. Ta manera e komparashon den beibel kaminda e shon a bai di biahe i el a laga serka su tres sirbidó kada unu un kantidat di talento (sèn). No ta tur a risibí mes kantidat pero tur a risibí algu. E algu tabata sufisiente pa hasi algu kuné, tur tabata den e posishon di por a hasi algu ku loke nan tabatin. Pero awendia ta tiki tin, si nan tin algu mes esei ta debe. Tin muchu hóben ta drentando nos sosiedat ekonómiko ku debe. No tin mayornan ku tin herensia pa laga pa yunan i si tin herensia mes nan no tin sigur ku nan mester laga e herensia ei pa nan mes yunan.

Nos problema ta ku den e generashon aki tin muchu hóben ku ta kuminsá for di sero, ku desbentaha. Nan no tin niun herensia pa risibí pa asina nan por karga e responsabilidat di por desaroyá esaki. Hopi hóben ta kuminsá na sero tanten bon mirá e mayor mester a sòru pa sea invertí den nan pa nan tin e invershon ei komo nan punto di salida òf e herensia material ei ku nan por usa komo komienso. Pero nan no tin esaki, nan no tin nada. Den e tempu ku nos ta aden aki ta mashá difísil pa bo desaroyá algu. Ta mashá difísil pa bo kuminsá traha riba un herensia pa bo yunan si bo no tin niun invershon den bo estudio òf un herensia ku bo por hasi usu di dje. E problema aki na mi pareser ta mas grandi ku nos ta pensa. Tambe pa ku nos gobernashon esaki tin mesun prinsipio. Kiko ta e herensia gubernamental ku nos ta risibiendo? Kiko ta e tarea di e generashon nobo pa ku polítika? E fama di nos polítika, no ta esun di mas mihó. Awendia polítika tin un smak amargo tanten ta algu ku mester ta di orguyo pa un persona pa skohe su representante den gobernashon.

E otro banda di e medaya ta ku un hende ku mester risibí algu mester por posishoná su mes pa risibí. Anto esaki ta bira nos di dos problema den e tema aki. Ta masha tiki hóben (yu) den e generashon aki ta bon posishoná pa risibí un herensia. Sea nan no tin pasenshi pa risibí, òf nan no tin e preparashon nesesario òf nan ta muchu materialista. E materialismo mayoria biaha i problema den famia ta buta ku herensianan ta keda pegá den prosesonan legal.

Mi sa di kasonan kaminda mayornan ta traha asina duru i asina tantu ku nan edukashon na nan mes yunan ta asina flaku ku e loke nan a logra di konstruí fásilmente nan mes yunan lo destruí. Nan yunan lo no por risibí e herensia si nan ke pa e loke nan a konstruí sigui eksistí. Ta algu ku ta masha fèrfelu. Pero nos tin e generashon materialista ku no sa kon pa posishoná nan mes den e sosiedat di awe pa asina por risibí un herensia. Nan no sa kon pa posishoná nan mes den nos sosiedat pa asina preveni ku propiedatnan ta kai den man di estranheronan di eksterior.

Nos hóbennan ta kuminsá masalmente na sero pasombra nan no a sabí di posishoná nan mes. Kon esaki ta manifestá su mes?

Awendia mayornan no tin bon relashon ku nan yunan. Sea yunan ta usa droga, nan a sali na estado trempran, nan no a kaba skol, nan ta ònbeskòp, nan a kometé un akto kastigabel pa lei òf nan ta homoseksual i famia a rechasá nan òf nan no ke tin nada di aber ku Boneiru i a bandoná e isla permanentemente.

Den kasonan asinaki kon por tin interkambio di herensia? Esaki ta algu hopi difísil pa anda kuné pasombra e ta rekerí ku bo ta sinsero ku bo mes i wak kiko ta importante. Ta importante pa bo yu haña tur loke e ke aworaki i bira despues un hende sin balor di kos? Kon bo ta bai dun'é bo negoshi ku a sòru ku e komo yu a haña tur kos, sabiendo ku e mesun yu ei lo no sa e balor di e negoshi? Aki e prinsipio di loke bo planta bo ta kosechá ta bini bon kla dilanti.

E generashon aktual tin tiki herensia pa risibí, i na otro banda yunan no ta bon posishoná pa risibí niun klase di herensia.

Nos isla ta un herensia riba su mes, nos antepasadonan a traha duru pa konstruí e base ku nos tin transladá den nos himno i nos bandera. Ami ta haña ta tempu pa nos ban bèk te den profundidat di nos ser i buska e bèrdat di nos situashon. Nos tin ku buska e yunan den e generashon aki ku ta bon posishoná. E lidernan ku por karga e loke e ta bai heredá sin trese su famia i sosiedat den problema. Boneiru ta buskando hendenan kapabel, hendenan ku kurashi, hendenan humilde, hendenan ku un kondukta ehemplar (no perfekto pero ehemplar), hendenan ku vishon, hendenan ku un kurason pa e piedra aki ku yama Boneiru. E hendenan aki mester por karga e herensia aki kon ku e bini i desaroy'é di tal manera ku e pas, alegria, hermandat i unidat ku a sirbi e isla aki asina bon den pasado por tuma su lugá atrobe riba nos isla.

Esaki ta un meta ku solamente Dios por yuda nos realisá. Abo ku ta lesando posishoná bo mes òf prepará pa bo por hasi un yu di tera heredero pa asina brinda nan e bentaha di no kuminsa na sero.

E modelo di bèrdat

Promé ku mi amplia riba e bèrdat di Boneiru ta importante pa bo komprondé lo siguiente. Esaki ta e modelo ku ta karga e teoria tokante di "bèrdat". Nos nesesidat di bèrdat tin di aber ku nos instinto den nos ser ku yama husgamentu. Nos komo hende mester husga kos pa nos por sobrebibí. Sa tin hende ta trese diferensia entre husgamentu ku desernimentu. Bo por deserni algu pero pa bo por deserni bo mester por husga entre dos variabel. Desernimentu ta buta énfasis entre diferensianan ku tin entre dos kos òf mas. Pero husgamentu ta determiná ku algu ta bon òf malu. Awor, nos komo hende ta husga fásilmente. E punto ta ku nos komo hende tin e nesesidat di e bèrdat pa nos por yega na e konklushon si algu ta bon òf malu. Tin tres variabel ku husgamentu ta atendé kuné ku nos komo hende tin mashá problema kuné. Ta lo siguiente:

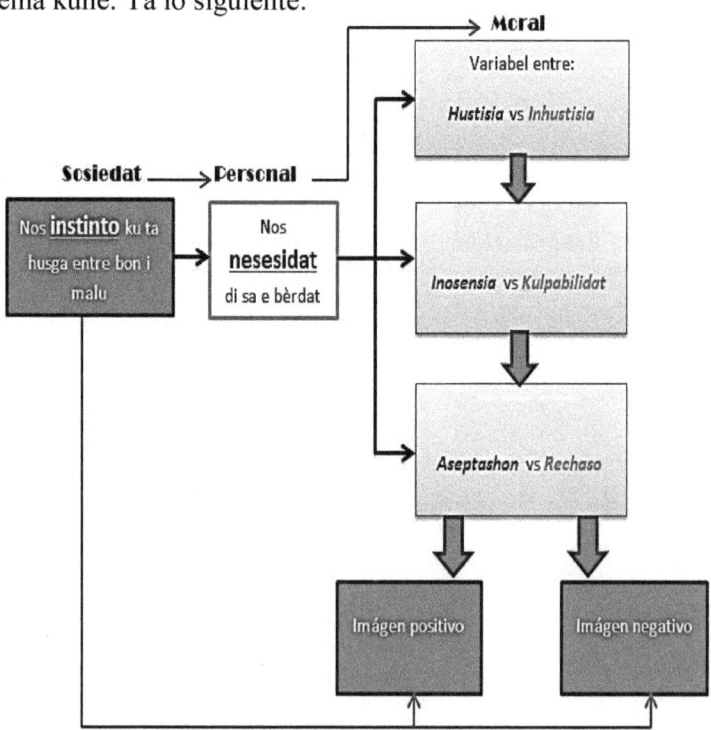

E nesesidat pa sa e bèrdat hopi biaha ta riba un nivel personal. Abo ke sa e bèrdat. Pero anterior na esaki tin e loke sosiedat ta katagorisá komo malu òf bon. Nos sosiedat tin un poder inmenso riba loke ta konsiderá bon òf malu. E opinion di nos sosiedat ta bai hasi apelashon riba nos opinion personal dor ku e sa ku nos tin e nesesidat di e bèrdat. Ora bo sa kiko ta e bèrdat segun bo, bo tin ku wak kiko bo ta bai hasi ku e bèrdat ei. Bo moral ta drenta den wega e ora ei. Bo moral tin ku bai disidí kiko ta bai hasi a base di e instinto soshal ku ta husga entre bon i malu, bo opinion personal ku ta saka for di e instinto soshal ei kiko ta e bèrdat.

Kòrda esaki bon, e bèrdat ku abo ta kere den dje hopi biaha ta e konsekuensha di e preshon soshal ku ta influensha bo manera di interpretá kiko ta bon òf malu. Komo persona bo ke sa kiko ta e bèrdat pa bo por saka afó kiko ta bon òf malu. Ku otro palabra nos nesesidat personal ku ta anhelá di por sa e bèrdat ta influenshá dor di nos instinto soshal ku ta krea husgamentu entre bon i malu. E solushon ta bo moral. Kiko bo ta bai hasi awor? Bo ta bai kategorisá e bèrdat ei den e tres área; Hustisia vs. Inhustisia/ Inosensia vs. Kulpabilidat/ Aseptashon vs. Rechaso. Mi ta spera ku e ehèmpel duná aki ta duna klaridat den e modelo di bèrdat.

E bèrdat por ta ku un hende por ta kulpabel di algu pero e ta risibí aseptashon apesar di esei pasombra esaki lo ta algu hustu singun bo moral. Esaki ta e kaso di e ehèmpel duná aki. E hóben ta kulpabel di un akto kriminal pero e mester lo a risibí aseptashon pasombra esaki lo tabata hustu. Pero den e ehèmpel nan a rechas'é. Si bo tene kuenta ku tur kos un moral ku ta normal lo mira esaki komo un akto inhustu.

★ ★ ★ ★ ★ ★ ★ ★ ★

Ehèmpel basá riba bèrdat aki na Boneiru:

Na un supermarket aki na Boneiru un hóben a kuminsá traha komo "vakkenvuller". E shèf no tabata sa ku e hóben aki tabata involukrá den un akto kastigabel pa lei. Nan a kondena e hóben i e tabata den un trayekto hudisial. Parti di su trayekto ta ku e mester a buska un trabou. E hóben aki a hasi' é i por a kuminsá traha na e supermarket. E kaso ta lo siguiente!

Koleganan di e hóben aki si tabata sa ku e hóben aki a komete un akto inhustu i a hañ' é kulpabel. Esaki a buta ku nan a bai papia ku e shèf i e shèf ku awor sa e bèrdat (segun e koleganan su bèrdat) a rechasá e hóben aki dor di kit' è for di trabou.

Awor e bèrdat den e kaso aki tabata den e hóben aki su desbentaha, pero e pregunta ta, e koleganan a aktua hustu? Nan a aktua moralmente bon? Kiko nos instinto ku ta husga di bisa nos awor? E koleganan aki mester ta orguyoso di nan mes òf nan mester tin bèrgwensa?
KIKO TA E BÈRDAT?

Si bo ta hustu kiermen ku e chèns ta grandi ku bo ta inosente i esaki ta buta ku ta asepta bo fásilmente tantu personal (abo ku bo mes) den bo sírkulo primario (famia) i den e gremio sosial. Na e otro banda si bo ta inhustu e ora ei e chèns ta grandi ku bo ta kulpabel i serka un hende ku ta kulpabel di algu e chèns ta grandi pa rechas'é.

Awor den e ehèmpel, e hóben mes lo ta preferá pa e bèrdat keda skondí. Pero e koleganan ke pa e bèrdat sali na kla. Awor, e hóben aki ta sin trabou i e trayekto hudisial ku e ta aden kaminda a eksigí un trabou ta buta ku e hóben aki por interpretá loke a pasa komo inhustu, i lo por mira e koleganan komo esnan kulpabel pa su retiro i e koleganan ei lo por spera rechaso di parti di e hóben aki si un dia nan mester di su yudansa. Asina nos ta mira ku e bèrdat, nos nesesidat di bèrdat no ta algu fásil pa atende kuné i e ta algu kompliká. Pero semper na final e bèrdat lo hiba na Hustisia vs. Inhustisia/ Inosensia vs. Kulpabilidat/ Aseptashon vs. Rechaso.

Awor nos ta sigui bai un tiki mas profundo. E bèrdat di Boneiru, nos ta bai dividié den diferente tópiko kaminda nos ta bai mas profundo den algu ku normalmente nos ta tuma masha leve.

E bèrdat di e futuro di Boneiru

E futuro di Boneiru ta dependé di e pensamentu dominante ku tin. Kiko ta e pensamentu dominante tokante e sektor di famia? Sektor di enseñansa? Sektor sosial etc. Si nos ke papia tokante di e futuro di Boneiru nos tin ku puntra nos mes unda Boneiru ta aworaki den aña 2014?

Den nos esensia ta parse ku Boneiru ta resistí kosnan nobo. Esaki ta algu ku ta di komprendé si nos wak den nos historia kiko ta tur e eksperensianan ku nos a pasa aden. Mi no ta bai den detaye pasobra mi no ta históriko mi no ta tribi di skirbi kos ku ta eróneo i informá pueblo robes. Loke si mi por hasi ta deskribí kiko ta e sintimentunan ku a nase a base di loke Boneiru a pasa aden den nos historia. Boneiru a keda ku e sintimentu ku nan (den e kaso aki otro islanan/ paisnan) a tuma nos hasi. Nan a usa nos òf neglishá nos i nos a keda atras. Esaki a buta manera un 'vergrootglas' riba nos deskonfiansa i nos sintimentu di rechaso. E konsekuensia ta ku nos mes tambe a kuminsá deskonfiá otro ku ta buta ku nos mes a kuminsá tuma otro hasi i ta bai asina leu ku esun sabí ku forsa ta trapa riba e ménos sabí i debil. Dikon? Pasobra meskos ku na kas un mucha ta krese mira su mama ta bati su tata, asina e tambe ta bai hasi pasobra e sintimentu ku el a keda kuné ora el a mira e kos ei semper lo keda den dje. Na momentunan kaminda bo no sa mas kiko bo tin ku hasi bo ta kopia loke bo sa. Esaki ta sobrebibensia.

Nos historia ta yen di doló kousá pa e manera ku Hulanda i Kòrsou a trata nos, yen di desapunto pasobra na nos pareser nan no a balorá nos, tin tiki kosnan positivo pa keda kòrda i e enfoke den nos historia hopi biaha ta kai riba e kosnan malu. Ku otro palabra ta di komprendé ku kada bes ku Boneiru hañ'é den situashonnan similar ku nan ta kai den sobrebibensia i lubidá di biba i disfrutá di bida. Ora bo ta disfrutá di bida bo no tin tempu pa husga, pa traha protekshon rònt di bo. Bo ta mas aksesibel pa hende i nan lo mira bo kualidatnan i nan lo sa ku ta abo ta dominá sierto áreanan den sosiedat i nan lo buta bo na e lugá ku bo mester ta. Solamente si bo biba i ta kontentu. Mi ta papiando riba e nivel personal.

Pa bini bèk riba e bèrdat di e futuro di Boneiru mi tin ku konkluí ku nos futuro ta dependé si nos ta bibando òf sobrebibiendo. Hopi hende ta sobrebibiendo riba nivel personal kaminda esaki no tin mester. Bo ta butá aki na mundu ku e potensial di logra algu pa move algu i pa establesé algu. Tin hopi hende ta sobrebibiendo riba e nivel di finansas. Dimes si bo salario ta abou i nos gobernashon no ta sòru pa e ònderstant ta mas mihó hopi hende ta keda chambuká. Pero no lubidá no ta gobièrnu ta determiná bo entrada ta abo mes. Si komo persona bo ta desaroyando e ora ei lo bo mira ku bo ta deskubrí bo talentonan i donnan i esakinan lo habri kaminda pa bo.

Nos gobernantenan ta sobrebibiendo. A tuma desishonnan pafó di union. Esaki ta buta ku no ta tur hende ta karga konsekuensianan huntu ni nan no ta asumiendo responsabilidat huntu. Tin desunion i un kos ku ta kasi pa kompará ku dekadensia polítiko. Dikon? pasobra no tin union, niun no ke rekonosé nan lugá. E importansha den gobernashon ta ku e lider mester sa ku e ta lider i e otronan mester rekonosé pero mas aun aseptá ku e ta lider. Un persona den liderazgo nunka no mester dura hopi tempu na mesun lugá. Liderazgo ta un kos ku mester ta dinámiko. Muchu tempu den liderazgo ta desastroso. Un kaminda ku bo mester ta lider kompletu pa restu di bo bida ta na kas. Lider di pareha i bo yunan. Espesialmente lider di bo yunan pasobra nan ta vulnerabel durante nan desaroyo.   Nos gobernashon ta sobrebibiendo i esei ta buta ku nan ta na peliger di usa manipulashon i egoismo ta. E ora ei rechaso ta drenta den wega i esaki ta kousa e doló ku nan konosé di ántes. Di e manera ei nos a kai atrobe den un sírkulo visioso. Awor mi sa ku esaki ta algu masha peligroso, ku mi ta skirbiendo pero esaki ta e bèrdat. Mi tin apresio pa kualkier lider ku den tempunan asinaki a tuma e kurashi di hasi un intento pa trese pas den e situashonnan aki i nan meresé mi sosten 100% no opstante en kolo ku nan ta representa. Rumannan e situashon ta konserni Boneiru i no un partido polítiko. Si un isla tin un lider ku ta bibando i no sobrebibiendo henter e isla lo biba. Si e isla tin representantenan den gobiernu ku ta bibando i no sobrebibiendo e ora ei henter e isla ta bibando. Si mayornan ta bibando e ora ei yunan ta bibando, si dosentenan ta bibando e ora ei e alumnonan tambe ta bibando i si nos tur ta bibando nos tin un isla igual na un paraiso eterno. Dikon?

Ora bo ta biba tin:

- Trankilidat
- Seguridat
- Goso/ Alegria
- Konfiansa
- Rekonosementu
- Vishon
- Pas
- Kompetensia sano
- Responsabilidat korporal
- Abundansia
- Hermandat
- Amor

Ora bo ta sobrebibiendo tin:

- Intrankilidat
- Peliger (hinter ora)
- Pesimismo/ tristesa
- Deskonfiansa
- Rechaso
- Limitashon
- Guera
- Rivalidat
- Buska kulpabilidat
- Pobresa
- Enemistat
- Odio

Nos tin ku ta masha sinsero ku nos mes. Boneiru a pèrdè su smak i a kue un rumbo di dekadensia mashá pisá. Apesar di tur loke e isla tin na potensial nos a kue un pensamentu ku ta masha peligroso pa e desaroyo di nos isla.

Tin kosnan ku bo por kambia mesora, kosnan ku bo por kambia segun tempu i kosnan ku bo no por kambia. Awor nos ta den un temporada kaminda representantenan di pueblo a yega na un akuerdo ku Hulanda ku parsialmente sosten di e pueblo. Nos no por kambia esei den korto tempu, esaki lo mester ta un proseso. Nos kosto di bida a subi apesar di tur e loke outoridatnan a introdusí pa hasi importashon mas barata. Esaki por kambia pero e ta dependé di diferente faktor ku no ta konserní un hende so pero akshon di diferente instansia i hendenan.

Nos pueblo a kuminsá bira ménos tolerabel pa ku nos sistema polítiko. Nos gobernashon ta pasando den tempunan duru. Ku otro palabra kosnan no ta kanando manera nos ke pero esaki por kambia pero nos mes ta manteniendo esaki na bida. Nos tin ku stòp di tuma parti pa X persona i stòp di skonde e bèrdat pa skapa un otro ku un tempu pasá a hasi algu pa bo etc. etc. E bèrdat ta ku nos mes ta hungando ku nos futuro i nos ta hungando hopi malu.

Si bo ta haña ku nos kultura ta algu ku ta desbanesiendo ta algu ku bo por kambia dor di kuminsá entremeté bo mes ku kultura. Hasi algu, porta bo a bini riba e mundu aki pa hasi algu den e sektor aki. Na lugá di keda kontemplá e problema i keha, hasi algu paso e kos ei por kambia. Nos ta hopi bon den hasi un problema asina grandi. Nos ta bai radio papia kos sin pia sin kabes òf nos ta sinta na un bar/restorant di chines yena nos mes ku alkohòl i papia ko'i kèns sin ku nos tin algun influensia niun kaminda. E futuro di Boneiru no ta dependé di un grupo di polítiko. E ta dependé di nos tur su manera di aserká nos situashon aktual. Porta abo tei pa trese kambio den sektor di konstrukshon, den enfermeria, den edukashon, den yuda hende ku nan desaroyo personal òf den polítika. Kon ku e ta bo mester tuma bo posishon sino bo no ta dunando un aporte, bo ta solamente parti di e problema i no di e solushon.

Awor mi ke bai un tiki mas profundo. Ta konosí òf ta algu ku ta parti di nos naturalesa ku tin herarkia den un grupo di hende. Tin leon ku ta yag i otronan ku ta bringa i protehá. Tin e leon ku ta lider i esnan ku ta parti di e klan. Kon ku bai bin mester tin diferensia. Ami ta 100% dependiente di e mekániko pasobra su abilidat i propósito no ta di mi pero mi ta parti di dje si, pasobra mi outo ta serka dje e ta bai. Pero si ami ta direktor di 'Voogdijraad' e ora ei e mekániko ta dependiente di ami su posishon pasobra ta ami ta responsabel pa bienestar di muchanan na peliger. Si e ta den un situashon kaminda tin mucha na peliger ami tin ku aktua i e ta parti di ami su propósito. Kiko mi ke bisa ku esaki, den esensia nos niun no ta mas ku otro, i nos tur tin influensia riba desaroyo di otro. Si nos realisá esaki e futuro di Boneiru lo ta unu ku ménos envidia, menospresio i rabia.

Awor kada isla, pais òf nashon tin un lider. Esaki ta e prinsipio di den un kas di famia. Tin e lider ku hopi biaha ta e mayor ku tin mas balanse personal (e por ta tata òf mama) i e abilidat di kompartí un vishon òf un direkshon. Esaki tambe ta e kaso riba un isla den pais òf nashon. Awor nos isla chikí i bunita aki no konosé un lider ku tin e balanse ei i ku e abilidat di duna direkshon. Si unu ke purba nos mes ta trap'é i buska tur kos ku ta posibel pa hasi su intento un frakaso. Dor di esaki hopi lider ta usa tur sorto di manipulashon pa logra nan meta, esei ta di yega na mando. E parti aki tin masha tantu aspektonan interno ku ta hunga un ròl. E nesesidat di liderato no ta tur hende tin e riba nivel di dirigí un isla, un pais òf un nashon. No ta tur hende ke karga e peso ei. Pero dor ku nos ta asina deskonfiá, envidioso, pesimista nos tin difikultat di duna sostén na un ku ke purba òf ku sí tin e nesesidat ei.

⎧ *E bèrdat ta ku: Karakter + Formashon + Historia di un isla= Desaroyo konsiente* ⎫

Tur hende ta kometé eror pero no ta tur hende ke rekonosé ku eror ta algu normal i sa tin biaha nesesario pa desaroyo. Tin hende ta grita ku boka grandi tokante erornan di otro hende tanten ku e mes ta e kometiendo erornan masha grandi den otro área. Lo no bai tin un lider perfekto shonnan, i konfiansa ta kos ku bo tin ku duna sin ku bo tin e evidensia ku lo bo risibí un bon pago bèk. E ta keda algu frágil. *Nos futuro komo isla ta hopi dependiente di nos abilidat di duna otro espasio pa kumpli ku bo destino, e kos ku abo ta bon den dje, ku ta duna bo gana di biba i ku ta motivá bo.*

Si nos ke mira nos futuro briante ta tempu pa nos kuminsá rekonosé ku nos no ta perfekto, ku husga un otro por pero den e murayanan di loke ta sosial i normal. Mas aun, ta tempu pa nos sa pa kiko nos ta riba e mundu aki. Sa bo lugá i aseptá lugá di e otro. Esaki ta hiba nos hopi leu. Dimes mester tin outoridatnan ku por regulá kos ya asina nos instinto egoista no ta kibra otro. Pero ruman, lo bo ta hopi mas felis si bo ta kontentu ku ken bo ta i unda bo tin ku bai. Stòp di kana den pasonan di otro hende òf aseptá loke hende ta buta riba bo. Sea liber i disfrutá di e isla aki ku Dios a duna nos. Un isla tremendo.

Promé mi finalisá, mi ke tòg desviá un ratu i bini bèk ku mi delaster palabranan riba e futuro di Boneiru. Mi ke papia un ratu asina riba e karakter di nos isla.

Kada isla tin su mes karakter manera kada persona tin su mes karakter. Un karakter ta konsistí di dos atributo. Atributonan bon i atributonan ménos bon. Atributonan formá pa; edukashon basal (na kas), formashon sosial (na kas, skol i aktividatnan sosial), biologia (den esensia e persona ku bo ta) eksperensia di bida i historia personal i general.

E karakter boneriano en general ta konosí komo un karakter ku atributonan positivo manera humilde i trankil, agradesido i alegre. Tambe pa e atributonan negativo manera pasividat (lento den desaroyo) i deskonfiá.

Dimes tin mas kos òf kosnan ku ta kai bou di esnan ku mi a indiká. Pero si nos ta sinsero ku nos mes nos himno ta un deskripshon basta yegá na bèrdat. Pero nos a kambia segun tempu i dor di eksperensia nos a kuminsá kambia. Den tempunan kaminda tin hopi kambio e sintimentu ku bo no tin kontròl ta yega fásil i e ora ei karakter ta kambia. Esaki ta konsekuensia di e miedu ku nos tin ora nos tin e sintimentu ku nos ta pèrdè kontròl. Nos ta pèrdè kontròl ora nos no sa algu, ora nos no ta komprendé algu i nos ta kuminsá deskonfiá mas i mas, i nos ta bira hopi teribel den tuma desishon. Asina nos ta mira ku esaki ta òf tabata pasando riba nos isla.

Nos formashon di edukashon kognitivo ta stanká awendia. Hóbennan no ke krese den konosementu mas. Nan no ke presta mas pa yega na algu. Hopi hóben no ta konsiente di unda nan a bini, kiko ta nan historia. Mi no ke men e orígen di sklabitut. Mi ta papiando di e historia di papi ku mami. Kon nan tabata 50 aña pasa, den ki situashon nan a krese. Ki balor nan tabata duna na un djiesplaka. Kon nos tabata solushoná problemanan den nos komunidat. Sa tin hóben no sa mes ku e kas ku nan ta bibá aden ta trahá basá riba hermandat den bario i ròm. Hopi hóben no sa ku e echo ku nan ta biba dushi aworaki ta pasobra na wela i welonan a presta enormemente den situashonnan di pobresa pa a yega kaminda nan mayornan ta awendia. Dimes tabatin korupshon tur tempu i tabatin inhustisia tur tempu pero e hende tabata diferente. Awendia un hóben no ta intres'é masha kon pa prepará su mes pa futuro pasobra nan ta asumí ku kosnan lo ta ok, pasobra nan tin derechinan. Awèl e boneriano di ántes no tabata tin noshon di nan derechinan pero si di nan abilidatnan i e abilidatnan ei a buta ku nan por a biba dushi. Awendia nos tin hopi material pero konstantemente nos ta sobrebibí. Ora bo ta sobrebibí bo no ta disfrutá di bida i e ora ei bo karakter no ta esun humilde i semper kontentu mas. Bo ta semper sperando lo peor, bo ta semper buska moda di haña mas en kaso ku kos bira pèrèmpèmpèn. Bo ta biba dia pa dia i konstantemente ku miedu presente (pasivamente presente òf aktivo). Kognitivamente nos hóbennan ta manera stanká den ignoransia. E balornan di antes ku tabata produsí ernergia awe ya no ta eksistí. Nos hóbennan ta karese dor di e ignoransia aki partinan esensial den nan karakter. Esaki ta un problema pasobra e konosementu aki ta hopi importante pa nos lidernan di mañan. Ami ta kere ku un lider boneriano mester sa kon e pueblo a desaroyá.

Nos formashon sosial tambe ta algu ku nos mester paga tinu kuné. Nos no tin rekursonan pa tur edat. Nos hóbennan tin rekursonan limitá pero nan tei. Tin diferente instansia ku ta dunando nan aporte. Pero no ta den tur bario tin kosnan pa nos muchanan. E temporada di aworaki tambe hóbennan ta buska pa yena nan tempu liber ku kosnan digital i virtual. Nos historia ta siña nos ku tempu liber por yen'é ku kosnan simpel. Ninichi, bala di futbòl, un tapa di limonada ku bo ta bati hasi plat bora dos buraku i pasa liña den dje i bo tin un ko'i hunga kuné, tròm (esnan di tienda di chines òf esnan trahá di kalbas), piskamentu (promé ku Stinapa a kuminsá ku su asina tantu regla) i asina tin otro kosnan ku hóbennan tabata hasi. Pero awendia nos ta warda riba gobièrnu pa bini ku algu pa nos por usa. Dimes Gobièrnu tin ku hasi su parti pero nos mes por hasi algu mas kreativo tambe. Si bo djis keda habri man warda un hende yen'é bo no ta siña usa bo pianan, bo mente i bo ser.

Boneiru, aseptá bo bèrdat pa asina por trese kambio kaminda esaki ta nesesario.

Final

Tur kos ta kai bèk riba e konsepto di desaroyo. Boneiru ta den desaroyo. Sea ku bo ke òf bo no ke, bo ta parti di e desaroyo aki. Bo por ta kontribuyendo positivamente òf negativamente. Bo por ta kontribuyendo konsientemente òf inkosientemente. Kon ku bai bin nos tur ta parti di desaroyo sea positivo òf negativo. Posishoná bo mes di tal manera ku bo por ta di aporte pa bo isla. Boneiru tin hopi potensial i nos ta blo kome otro enbes di uni pa trese un union inkondishonal. Nos ta keda vulnerabel si konstantemente nos ta buska pa kibra otro. Ta tempu pa uni den pensamentu i kolaborashon ku otro. Rekonosé bo lugá i aseptá e lugá di un otro. Sa ku bo desaroyo i bo parti den sosiedat ta pa e yu ku a kaba di nase, pa e hóben na skol ku ta soña pa bira pilot. Abo ku ta den e proseso serkano di laga un herensia por fabor laga bo herensia den man di yunan òf hendenan bon posishoná. Abo ku lo bai ta heredero un dia, wak pa bo ta bon posishoná.
Mi por splika hopi i mi por motivá hopi pero na final un persona sin vishon lo no tin un aporte na kas ni den sosiedat. Rumannan, sa boso lugá ku Dios a duna bo i asept'é ku pashon i sea un aporte positivo pa nos isla den bo mes estilo i den e sektor ku abo ta dominá.

Dios bendishoná bo.

Epílogo

A adaptá e idioma hulandes den e promé edishon na e normanan di ABN ku yudansa di un spesialista den e idioma hulandes. Tumando na kuenta ku e lesadónan di e buki awor a drenta frontera hulandes, e kambio akí tabata nesesario pa yuda e hulandes europeo relatá su mes na mi mensahe.

Ekspreshon di opinion den e temporada akí, 2015, ta eksigí di nos tur pa buska un manera apropiá pa komuniká nos mensahe. E mensahe mester ta efikas i no ofensivo. Un mensahe no tin mashá balor si e ta solamente un ekspreshon di reprochenan di pasado. Esaki lo ta muestra di ausensia di e kapasidat pa pordona.

Mi opinion personal ta ku nos mester internalisá e orashon di e teólogo Reinhold Niebuhr, mas tantu. *"God, grant me the serenity to accept the things I cannot change; courage to change the things I can; and wisdom to know the difference."*

Hende ta den desaroyo konstantemente, sea positivo òf negativo. Desaroyo propio ta importante pa por realisá kon nos aktitut mester ta pa ku e realidat di bida. Nos mundu konstantemente ta tuma direkshonnan inesperá. E arte ta pa sa kon pa disfrutá di bida no opstante kiko nos sirkunstansha ta. Pa logra esaki, bo mester por aseptá lokual bo no por kambia, rekonosé lokual bo por kambia i tin e kurashi pa hasi lokual ta nesesario pa trese kambio. Pa nos por sa kiko ta e diferensha den lokual nos por i lokual nos no por kambia ta rekerí sabiduria.

Mi konseho......*"Have Fun!" Disfrutá.*

*Mijn dank gaat uit naar mijn vrouw,
Elisabeth George-Veldbloem, die mij de ruimte gaf om te
schrijven en die mij stimuleerde te schrijven vanuit mijn hart.*

*Ik draag dit boek op aan mij twee kinderen,
Arkana Victory George en Leilani Joy George,
mijn oogappels, die maken dat ik alles wil geven.*

*Ik hoop dat dit boek op een of andere manier
Bonaire zal bemoedigen.*

Voorwoord

Dit boek is ontstaan na een interne reis. Ik bespeurde een zekere onrust in mijzelf en wilde ontdekken wie ik was en waarom ik ben zoals ik ben.

Ik wil mij graag ontwikkelen, ook al brengt die ontwikkeling je soms op wegen die niet altijd aangenaam zijn. Een mens kan door een ernstige ziekte ineens de eenvoudige dingen van het leven waarderen. Ook anderen kunnen je aanzetten tot introspectie. Wie zichzelf ontwikkelt, leert op een andere manier naar dingen kijken, maakt andere keuzes, denkt anders over dingen na. Ook over zijn positie in de samenleving.

Voor mij is het belangrijk te onderzoeken of ik werkelijk de man ben die ik zeg dat ik ben. Of loop ik met een masker rond? Waarom ik daarachter wil komen? Omdat ik geloof dat ik 100% mezelf moet zijn, om 100% Bonaire te dienen. Als ik me niet bewust ben van wie ik ben, zal ik niet bewust zijn van dit eiland. Als Boneriaan draag ik bij aan de Bonairiaanse identiteit.

De waarheid

De waarheid

De waarheid is een behoefte van de mens, het verzadigt op een of andere manier de behoefte van iemand. Onafhankelijk van gevolgen, blijven mensen de waarheid opzoeken. Er zijn waarheden die men het liefst verborgen wil houden en andere waarheden die men juist wil delen. Er zijn waarheden die mooi zijn en anderen die juist lelijk zijn. Er zijn waarheden die voordelig zijn en anderen nadelig. Er zijn waarheden met desastreuze gevolgen en waarheden die juist heel positief zijn zowel op persoonlijk als social gebied en zelfs mondiaal.

De waarheid, het is onze behoefte die zo essentieel is, dat machines zijn ontworpen om te kunnen bespeuren wanneer je de waarheid spreekt. Het is zo belangrijk voor ons dat wij een juridisch aparaat hebben dat de waarheid onderzoekt. We hebben vertegenwoordigers die naar waarheid zoeken. Zo kennen wij ouders die de waarheid over hun kinderen zoeken. We kennen docenten die de waarheid omtrent hun studenten zoeken. We kennen de Officier van Justitie die de waarheid zoekt achter elk strafbaar feit. We kennen rechters die een vonnis uitspreken wanneer iemand op basis van leugens dan wel de waarheid, als onschuldig of schuldig wordt bevonden. We kennen dominee's die de waarheid vanuit een geestelijk oogpunt benaderen en we kennen lokale organisaties die de waarheid zoeken en deze bloot willen stellen in onze maatschappij. We kennen internationale organisaties die naar waarheid zoeken over intercommunicatie van landen die onze economie beheersen. En zo zijn er nog velen. Waarom bestaan deze organen? Om te bepalen wanneer iets rechtvaardig of onrechtvaardig is, voorts om op basis van universele normen en waarden van groepen of individuen de waarheid in een kader van rechtvaardigheid of onrechtvaardigheid te plaatsen.

De waarheid is een verlangen. Maar waar komt dat verlangen vandaan? Simpel, wij zijn egocentrische mensen en in staat te oordelen over goed en kwaad. We kunnen liegen en een leven van leugens leiden. Soms, bij het verborgen houden van de waarheid gaat het om de geheimenis erom heen. Geheimenis loopt hand in hand met leugens. Geheimzinigheid bestaat wanneer waarheid en/of leugens verborgen worden gehouden.

De wereld verandert en onze economie doet zijn best om uit het dal te kruipen. Jongeren communiceren tegenwoordig beter indirect dan direct. Opvoeding vereist veel creativiteit van ouders. Kortom, op veel fronten moet je alert zijn. De algemene ontwikkeling van een eiland of natie is zeer dubieus geworden, omdat er op tal van plekken verborgen waarheden zijn.

Klinisch psycholoog Abraham Maslow geeft in zijn piramidemodel aan wat de basisbehoeften van de mens zijn. De behoefte aan waarheid noemt hij niet expliciet, maar toch is dat wel degelijk een behoefte waar wij dagelijks naar op zoek zijn, zowel thuis, op ons werk als in de maatschappij. Onze wereld draait om de waarheid.

Een klein kind is zich instinctief, zonder het woord "waarheid" te kennen, bewust van de voordelen van liegen of de waarheid spreken. Omdat wij instinctief het verschil tussen goed en kwaad kennen, kunnen wij oordelen. Diezelfde kennis maakt dat wij elkaar wantrouwen. Het hangt af van je ontwikkeling (opvoeding) of je in staat bent om balans te vinden tussen vertrouwen en wantrouwen.

Je vertrouwt iemand als je gelooft dat die persoon de waarheid spreekt en jouw belangen voor ogen heeft. Die persoon velt ook geen oordeel over jou. Vaak is het probleem omtrent vertrouwen onze eigen verwachting dat een negatief oordeel op ons gericht is.

Soms is wantrouwen ook gebaseerd op eigen interpretatie of een ongegronde negatieve verwachting. Dat is onze waarheid: we vertrouwen iemand niet als we niet geloven in hetgeen deze persoon aan ons duidelijk wil maken. We zoeken naar bewijs dat de waarheid is gesproken.

Wat is dan de waarheid over Bonaire? Welke dingen willen we verborgen houden en wat willen we laten zien, bijvoorbeeld aan toeristen?

Zoals ik heb aangegeven, hebben we een instinct om de waarheid te zoeken en te herkennen. Misschien vind je het niet leuk om te horen, maar hier op dit eiland spreken wij de waarheid niet. Bonaire spreekt met verschillende tongen. Dit is zo ernstig dat wij als volk elkaar niet meer vertrouwen. Dit feit breekt ons patriottisme en onze eenheid. Wantrouwen staat ook een heldere visie voor Bonaire in de weg. Kun je inwoners van een verdeeld eiland vertrouwen? Laten we een vergrootglas gebruiken en verdieping zoeken in dit onderwerp.

Perceptie versus waarheid

Perceptie is bewustwording via onze zintuigen, ook wel het resultaat van waarneming.

Perceptie weegt vaak zwaarder dan de waarheid. Maar de waarheid is niet altijd wat we zien. De mens zoekt naar "the second best" wanneer men niet het gewenste vindt en dit kan al gauw leiden naar een interpretatiefout die vervolgens de basis vormt van (verkeerde) perceptie. Hoe we naar dingen kijken, en hoe wie die waarneming vervolgens interpreteren, is mede bepaald door onze opvoeding, cultuur, gewoontes, onze algemene kennis en persoonlijke ervaringen. Het is dan ook riskant om op basis van foute perceptie beslissingen te nemen die invloed hebben op het leven van anderen. Perceptie kent voordelen maar ook gevaren.

In het volgende voorbeeld is te zien hoe een jury op basis van perceptie een negatieve ervaring heeft veroorzaakt bij een kind van zeven. Het kind werd beschuldigd van fraude, terwijl zijn werk was ontstaan door toewijding en geduld, vijf uur tekentijd en adviezen van de vader. Oordelen op basis van een eerste indruk is niet altijd verstandig.

Bonairianen kunnen heel goed waarnemen, maar de waarheid kunnen ze heel goed verhullen. Dit laatste is een waarheid die velen ontkennen. Maar we weten precies wie waar waarom heeft ingebroken, want we weten bepaalde dingen van iemands verleden. We kennen de familie, we weten wat iemand nog meer gedaan heeft. We nemen dingen voor waar aan, die niet meer dan waarneming zijn: we zijn ervan overtuigd dat Jantje de inbraak pleegde, terwijl het net zo goed iemand anders had kunnen zijn geweest. Op Bonaire geldt: heb je eenmaal een fout begaan, dan achtervolgt die fout je altijd. Dat is nadelig voor veel jongeren op het eiland. Ongenuanceerde waarnemingen zijn als een kanker in de gemeenschap. Jammergenoeg zie ik dat perceptie vaak bepaalt wat mensen op het eiland denken en doen. Laten we de politiek eens als voorbeeld nemen. Heeft de "zwarte partij" in het verleden

Dit voorbeeld is gebaseerd op een waargebeurd verhaal van een Bonairiaans kind.

Een jongen deed mee aan een tekenwedstrijd. Hij hield ervan om naar tijgers te kijken en besloot dat hij een tijger zou tekenen voor deze wedstrijd. Toen de jury de tekening zag, lieten zij de jongen weten dat hij gediskwalificeerd was: hij zou de tekening hebben overgetekend. De tijger was namelijk zo goed gelukt dat de jury de perceptie had dat deze jongen niet in staat zou kunnen zijn om de tijger zelf te tekenen, hij was pas zeven.

De waarheid is echter dat de vader van deze jonge instructies had gegeven hoe de tijger te tekenen. Na bijna vijf uur had de jongen zelf de tijger getekend op basis van een foto. Van overtrekken was geen sprake.

veel negatieve dingen gedaan, dan zal de kleur zwart direct in verband worden gebracht met "het kwade". Is het de "bruine partij" die altijd de juiste dingen heeft gezegd, dan wordt de bruine partij gezien als "het goede". De waarheid kan best andersom zijn, maar de bruine partij zal op basis van perceptie blijven heersen.

Om de juiste richting in te kunnen slaan, moet Bonaire inzien dat perceptie gevaarlijk is en dat de werkelijke waarheid niet altijd de mooiste of voordeligste is. We kiezen te vaak voor een beeld van positivisme en laten onze moraal in ruil daarvoor achterwege.

Het gevaar van perceptie uit zich als volgt. De waarnemingen van een gekweld en boos persoon worden door die gevoelens beïnvloed. De Bonairiaanse gemeenschap is beïnvloed door religie en nostalgie. Ook al zijn geestelijke leiders individueel terughoudend als het gaat om het vellen van oordelen, als groep, als kerk en religie, wordt er wel degelijk geoordeeld. Stel een kind van een kerklid belandt in de gevangenis. Dan schaamt die persoon zich, hij is bang dat er achter zijn rug over hem wordt gesproken. Dit is niet iets wat ik alleen zie, het is een waarheid die velen niet willen accepteren.

Bonaire heeft een hang naar vroeger. Als gevolg daarvan worden vernieuwingen vaak verworpen omdat men vindt dat traditionele gewoontes niet vervangen mogen worden. Maar niet alles wat vroeger werkte, werkt nu nog steeds.

Perceptie is bewustwording via onze zintuigen, ook wel het resultaat van waarneming.

De valkuilen van perceptie zijn omstandigheden, want die beïnvloeden onze waarneming. Waarnemingen zijn zeer verraderlijk en bijna nooit hetzelfde. Dat komt doordat onze omstandigheden afhankelijk zijn van verschillende, veranderlijke factoren als vermoeidheid, boosheid, verdriet, achterdocht. Die omstandigheden bepalen de interpretatie van wat we waarnemen.

De waarheid, positief of negatief, schept ook mogelijkheden. De waarheid betrekt meestal meer dan één persoon en kan voor de een voordelig en voor een ander nadelig zijn. En nu het praktische en herkenbare van de waarheid van Bonaire.

De waarheid van Bonaire in het algemeen

Bonaire heeft al meer dan achttienduizend inwoners. Vroeger moesten de meeste Bonairiaanse vrouwen naar Curaçao reizen voor hun bevalling vanwege betere medische voorzieningen. Er zijn daardoor Bonairianen die Curaçao als geboorteplaats hebben staan in hun paspoort. Naast de inheemsen bestaat de huidige bevolking uit een mix van Curaçaoënaars, Arubanen, Europese Nederlanders, Venezolanen, Colombianen, mensen uit de Dominicaanse Republiek, Peru en Haïti. Met andere woorden, Bonaire is multicultureel.

Het eiland is beroemd om het onderwaterleven. Duiken is de belangrijkste reden dat toeristen Bonaire bezoeken. We staan ook bekend om onze mooie stranden en om Klein Bonaire, dat geliefd is bij zowel toeristen als lokalen. En dan hebben we nog Washington Slagbaai Nationaal Park met sensationele uitzichten in het natuurreservaat.

Wind- en kitesurfen zijn sporten die op Bonaire goed beoefend kunnen worden. Er is een rijkdom aan locaties: Sorobon is ideaal voor windsurfers, kitesurfers zie je vooral bij de zoutpannen, vroeger Saliña genoemd, tegenwoordig Pinkbeach. Bonaire heeft wereldkampioenen op het gebied van watersport.

Culinair is ons eiland geweldig. We beschikken over traditionele en andere restaurants, die de culturele diversiteit van het eiland weerspiegelen. Land en zee voorzien ons in onze behoeften. We hebben enorme potentie als het gaat om landbouw en veeteelt.

Bonaire kent gratis basis- en voortgezet onderwijs, als ook middelbaar beroepsonderwijs, waar jongeren vrijwel kosteloos een opleiding kunnen volgen. Bonairianen kunnen zich veelal verstaanbaar maken in vier talen: Papiaments, Engels, Nederlands en Spaans. Bonaire ziet steeds meer remigratie van eilandskinderen die na een studie in het buitenland terugkeren en de ontwikkeling van het eiland komen versterken en stimuleren.

Er lopen nog steeds indianen rond op Bonaire. Rincon heeft de aandacht kunnen trekken van buureilanden met de jaarlijkse viering van "Dia di Rincon". Onze cultuur is aantrekkelijk voor mensen die het eiland bezoeken. Het feit dat wij geen verkeerslichten hebben en dat ezels en geiten vrij rondlopen is deel van onze charme. We worden bezocht door flamingo's en pelikanen. We worden vergezeld door vissen als we langs de waterkant wandelen of eten bij een van de restaurants aan zee. Het mooiste uitzicht over het eiland schenkt ons de Seru Largu (grote heuvel) en onze muziek is van grote waarde tijdens culturele festiviteiten.

Het eiland staat bekend om zijn rust. Bonaire kent vooralsnog geen files of extreme luchtvervuiling door auto's of industrie. Exotische vogels als de prikichi en de lora zijn beschermd op het eiland. Leguanen zijn er in overvloed, ze zijn een geliefde prooi voor jagers.

Onze jongeren zijn veilig op het eiland. Er is voldoende basiszorg, de orde wordt gehandhaafd. Onze juridische keten zorgt voor het tegengaan van criminaliteit.

En zo ken ik meer waarheden over Bonaire. Het eiland is een paradijs in het Caribisch gebied. Dit zijn waarheden die wij niet kunnen ontkennen. Bonaire is een schat in de vorm van een eiland. Toch kent Bonaire ook genoeg waarheden waar niet over gesproken wordt. Ik doe dat in dit boek wel.

De wereld verandert, culturen veranderen en gewoontes net zo. De samenleving is gesegmenteerd. Ik zal kort en orderlijk deze gebieden nagaan.

Bonaire heeft veel potentie. Het eiland heeft in korte tijd verschillende veranderingen doorgemaakt. Veel aandacht is uitgegaan naar de politiek sinds de staatkundige veranderingen op 10-10-10. Dat heeft veel negativisme veroozaakt. Mensen zijn ontevreden en vinden dat ze het beter zouden kunnen dan de mensen die ze zelf als volksvertegenwoordiger hebben gekozen. Onze overheid staat voor verschillende uitdagingen. Maar de waarheid is: voor een klein eiland als Bonaire zijn we te negatief. Er is zoveel om trots op te zijn, maar we leggen de nadruk net op die dingen die nog in ontwikkeling zijn.

Een andere waarheid: er is armoede op Bonaire. Vooral voor oudere mensen die een gebrekkig pensioen ontvangen en geen ander inkomen hebben, is dit een groot probleem. Ze zijn te oud om zich op de arbeidsmarkt te begeven. Er is ook een groep van jongere mensen die armoede kent. Dit wordt voornamelijk veroorzaakt doordat mensen niet met geld kunnen omgaan en niet in staat zijn werk vast te houden. Zij gooien zichzelf in de armen van armoede en hebben geen motivatie meer om eruit te kruipen.

Een andere waarheid is: er leven veel angsten op ons eiland. Angst voor innovatie, angst om te vertrouwen en soms zelfs de angst om een eigen mening te uiten. Deze angst zit diep in onze cultuur. Het kost tijd om nieuwe dingen deel te laten worden van onze samenleving. Terwijl het soms om dingen gaat die sneller vertrouwen verdienen, omdat ze kunnen helpen bij innovaties op het eiland. Wij zijn bang om onze mening te uiten. Het is gek om dat steeds te moeten horen, maar mensen houden hun mond, omdat ze represailles vrezen van een politieke partij of van een specifieke persoon. Dit breekt onze democratie. Anderzijds, mensen uiten zich vaak offensief met als gevolg dat de kracht van woorden juist minder wordt. Bonairianen lijken zich moeilijk te kunnen uiten wanneer ze tegenover een Europese Nederlander of iemand met een belangrijke positie staan. De heersende angst breekt het eiland op. Mensen moeten vrij zijn om zich te uiten zonder bang te zijn voor represailles.

Er is een waarheid die men niet wil horen: onze opvoeding gaat drastisch achteruit. Het is alsof jongeren van deze generatie helemaal geen contact meer hebben met de realiteit. Ze schieten tekort als het gaat om sociale vaardigheden, hebben geen geduld. Ze missen doorzettingsvermogen, toewijding, discipline, respect, en aanpassingsvermogen. Onze jongeren hebben moeite met autoriteit, ze spijbelen liever dan dat ze de vaardigheden leren die zij nodig hebben om straks de arbeidsmarkt te kunnen betreden. Jongeren kunnen moeilijk conflicten oplossen en zijn eerder geïnteresseerd in dingen die ze in essentie eigenlijk niet nodig hebben. De digitale wereld verbreekt persoonlijk contact. Als de jeugd van nu onze toekomst is, dan hebben we een probleem. Om de situatie nog "gevaarlijker" te maken, ouders en opvoeders willen niet toegeven dat dingen uit de hand lopen tot het te laat is. Tegenwoordig is een jongere niet respectloos. Nee, het kind heeft ADHD; een kind heeft tegenwoordig geen slechte manieren, nee, het heeft ADD of is licht verstandelijk beperkt.

ADHD, ADD of een licht verstandelijke beperking zijn geen excuus om een kind geen manieren aan te leren. We willen op dat soort momenten wel allerlei theorieën uit het buitenland gebruiken om uit te leggen waarom een kind zich op een bepaalde manier gedraagt. Kennis die goed is voor ons eiland maar nadelig voor onze persoonlijke wensen, verwerpen we liever. Die kennis wordt afgedaan met woorden als "Zij willen komen heersen over ons." of "Denken zij dat we nog steeds slaven zijn?" Mensen, er moet balans zijn.

Ook dit is een waarheid: er zijn schurken en boeven op het eiland die de economie van Bonaire bijna kapotmaken. Zakenlui zonder geweten die op hun producten bijna 300% winst willen maken. Je vindt in vrijwel alle sectoren mensen die denken rijk te kunnen worden op een klein eiland als Bonaire. De waarheid is dat je niet rijk kunt worden als je onderneming alleen gericht is op Bonaire. Wil je rijk worden dan moet je markt groter zijn. Helaas zijn er schurken die ons willen dwingen om driemaal de prijs te betalen voor een bepaald product of een bepaalde dienst. Dit is een waarheid die mensen niet willen inzien. Het is genoeg. Deze manier van denken kan onze samenleving veel schade toebrengen.

Mensen klagen liever over nieuwe, als nadelig ervaren regels die vanuit Den Haag zijn geïntroduceerd, dan dat ze stilstaan bij de schurken die hun strategische positie misbruiken en daarmee veel Bonairianen benadelen. Het is genoeg.

We merken niet eens meer hoe duur alles is. Dat we absurde bedragen betalen om ons erf schoon te laten maken, onze auto te wassen, een huis te bouwen of voor verzekeringen. Het feit dat dollarisatie heeft plaatsgevonden op het eiland betekent niet dat prijzen overdreven duur mogen worden. Er is iets wat men geweten noemt. Zakenlieden zouden het moeten gebruiken, het zou de lasten van velen verlichten. Wie is zo gek om de huurprijs van een huis met drie kamers, met een woonoppervlak van ongeveer 100m^2 vast te stellen op 1200 dollar alleen omdat het om een "exclusieve locatie" zou gaan (Belnem/ Republiek)?

Wie is gek genoeg om 800 dollar te betalen voor een huis van twee kamers met een woonoppervlak van 80m^2? Kom als verhuurder niet met het excuus dat dit wordt veroorzaakt door de belasting . Als je 300 dollar verdient op iets dan zou je al blij kunnen zijn, maar nee. Van een huis dat 600 dollar waard is, verdubbelen we de prijs. Dat geldt ook voor huizen die eigenlijk 400 dollar kosten. De uiteindelijke prijs wordt meestal 800 in plaats van 600 dollar. Dat zijn schurkenpraktijken, die maken dat sommigen een leven van luxe op dit eiland kunnen hebben.

En dit doen niet alleen Europees Nederlanders, onze eilandsgenoten doen het net zo goed, het is als de meesters die vroeger hun slaven uitbuitten. Door het zo te formuleren wordt het duidelijk hoe lastig de situatie is. Het probleem zit in ons denken verweven.

Ik weet dat verhuurders het niet met mij eens zullen zijn, echter het probleem is groter, het is een ketting van overdreven prijzen die je in alle sectoren ziet: rentepercentages, prijzen om huizen te bouwen, tarieven van werknemers in de bouw, wat er betaald moet worden aan formalisering van eigendom (notaris, vergunningen et cetera). Als men alles bij elkaar optelt, kom je op prijzen die niet normaal zijn.

Toch is er een mentaliteitsverandering nodig. In Nederland zijn er bepaalde prijzen voor dienstverlening die hoog zijn, maar die prijzen worden geaccepteerd omdat ze duidelijk onderbouwd kunnen worden. Simpel gezegd, prijzen op Bonaire zijn te hoog omdat de winst die men wil draaien te hoog is. Die moet omlaag. We willen de topbestuurders haast iets aandoen omdat ze te hoge bonussen krijgen maar op microniveau worden er ook mensen te hoog betaald, en dat is vergelijkbaar met die bonuskwestie.

We kennen op het eiland ook de negatieve religiositeit. Mensen veroordelen elkaar en vormen kliekjes op basis van bijbelse overtuigingen. Dit fenomeen wordt door weinigen onderkent, maar zorgt voor veel problemen.Welk geloof je ook aanhangt, wat je ook bent adventist, katholiek, christen (pinkster of evangelist), jehova's getuige, mormoon of moslim, je bent op Bonaire en je dient de gedachten en het geloof van een ieder te accepteren. Problemen ontstaan wanneer je vanwege jouw overtuiging (of geloof) de conclusie trekt dat jouw geloof het beste is en dat mensen die niet lid zijn van een kerkelijke gemeenschap per definitie op het slechte pad zijn. Dit is een perceptie (oordeel op basis van je waarneming) die voor veel problemen zorgt. Waarom noem ik dit perceptie? Omdat niet alles wat op zonde lijkt werkelijk als zodanig beoordeeld kan worden. Jezus was geconfronteerd met een vrouw die overspel had gepleegd en op heterdaad was betrapt. Hoewel de omstandigheden alle ingrediënten hadden om het overspel als zonde te beschouwen en daarop actie te ondernemen, oordeelde Jezus niet. Wij kennen dit niet, wij oordelen automatisch.

Morele zondes worden vele malen zwaarder veroordeeld dan dagelijkse zondes als liegen, stelen of trots zijn. Deze dagelijkse zondes tolereren wij wel, maar de mannen die drinken en naar Pachi (een bordeel) gaan, zijn helaas verloren zielen. De prostituees die in wezen hetzelfde doen als de mannen worden echter zwaarder afgestraft. Om te beginnen worden ze verbannen door het religieuze volk. Nogmaals, er moet balans zijn. Een actie die schade teweeg brengt is problematisch en een straf of een sanctie is soms in het belang van de dader. Dat we dit soort dingen overdrijven is een waarheid die je niet in de Bijbel terug zult vinden, maar wat je wel in de Bijbel terugvindt is dit: je zult gemeten worden met dezelfde maat als waarmee jij meet.

Lukas 6:37,38.

"Oordeel niet en u zult niet geoordeeld worden; veroordeel niet en u zult niet veroordeeld worden; laat los en u zult losgelaten worden. Geef en aan u zal gegeven worden: een goede, vastgedrukte, geschudde, overlopende maat zal men u in de schoot geven, want met dezelfde maat waarmee u meet, zal er bij u ook gemeten worden."

Het is niet voor niets dat Jezus niet met de farizeeën liep en dat hij toen hij jong was de tempel bezocht. Toen hij met zijn bediening begon wist hij dat hij niet moest oordelen. In die tijd was oordelen een dagelijkse praktijk. Om niet besmet te raken met mensen die constant oordeelden, bleef hij uit hun buurt en op een gegeven moment noemde hij hen zelfs "generatie van slangen". Wij moeten oplettend zijn want wij oordelen veel.

De waarheid over de Bonairiaanse mentaliteit

"There is no passion to be found playing small - in settling for a life that is less than the one you are capable of living."

Nelson Mandela

Nelson Mandela heb ik hier om verschillende redenen aangehaald. Ik waardeer hem om zijn mentaliteit. Er bestond geen probleem voor deze man, in alles zag hij een mogelijkheid. Hij was oprecht en zijn ervaringen maakten dat hij wist wat hij aan zijn luisteraars wilde communiceren. Nelson Mandela zat vele jaren in de gevangenis omdat hij stond voor waar hij in geloofde. Velen denken dat hij zijn leven niet ten volle heeft kunnen leven, omdat hij zolang gevangen zat. Naar mijn idee is dat niet waar. Wij brengen een goed leven vaak in verband met materiële dingen, maar wat ik wil benadrukken is: of je in volle potentie hebt geleefd, is af te lezen aan de invloed die je hebt in de maatschappij of de indruk die je naam achterlaat na je dood. Vanuit de gevangenis had Mandela invloed op de maatschappij. Ten tijde van dit schrijven is Mandela op 95-jarige leeftijd overleden. Al voor zijn dood was duidelijk dat er over hem geschreven zou worden, dat hij deel zou zijn van wereldgeschiedenis.

De uitspraak van Mandela kan op verschillende manieren geïnterpreteerd worden, maar ik vind hem vooral interessant omdat de Bonairiaanse mentaliteit er in weerspiegeld wordt. Dat we een klein eiland zijn, betekent niet dat we minder potentie hebben. Als onze algehele capaciteit klein is, wil dat niet zeggen dat we daardoor ons maximum niet kunnen bereiken. Op het moment dat je merkt dat een eiland vol conflicten zit, er veel ontevredenheid en onvrede is, dan weet je dat de passie om te bereiken waaartoe je in staat zou zijn, verzwakt is. Op dit moment lijkt de passie van Bonaire te verzwakken. We verschuilen ons achter het feit dat we een klein eiland zijn en wij richten ons niet op onze maximale potentie. Natuurlijk zijn er mensen die hun best doen om hun maximum wel te bereiken, maar de mentaliteit van de Bonairiaan is slapende. Onze passie is zwakjes en we hebben een bestaan onder onze capaciteit in zekere zin geaccepteerd.

Hoe komt het dat we tot dit punt zijn gekomen? Neem eens een kijkje naar de realiteit waarin we ons bevinden. Onze Bonairiaanse mentaliteit is niet zo sterk dat we met één mond kunnen praten. We hebben weliswaar een grote mond, maar dat is vooral tegen elkaar. Een eenheid kunnen we niet vormen, omdat onze mentaliteit ons uit elkaar drijft. Heel in het kort wil ik een aantal elementen van deze mentaliteit benoemen. Ik heb al gezegd dat onze educatie, onze ontwikkeling achteruit gaat. Hoe is dit te meten? Hoe kan ik tot die conclusie komen?

Als je kijkt naar de arbeiders op Bonaire, ontbreekt bij velen kennis over het werk en professionalisme. Weinig jongeren beschikken over discipline, geduld, doorzettingsvermogen en zelfbeheersing. Dit leidt tot respectloosheid, men houdt geen rekening met elkaar.

Dit wordt veroorzaakt door een combinatie van (gebrek aan) opvoeding thuis en begeleiding op school. Als wij bijvoorbeeld de geschiedenis van de slavernij erbij halen, dan valt het op dat maar weinig jongeren dit verleden op een positieve manier kunnen verbinden met de toekomst. Thuis en op school wordt over het algemeen alleen het negatieve van het verleden benadrukt. Deugden en morele lessen die ons kunnen helpen een beter mens en een beter eiland te worden zijn onderbelicht.

Kennis zonder juiste interpretatie, in een onjuiste context is gevaarlijk. Het slavernijverleden heeft een lelijk litteken nagelaten. Dat gaat zo diep dat sommigen nog steeds aan de tijd van slavernij refereren wanneer ze gedrag herkennen dat doet denken aan die tijd.

Er zijn "Makamba's" die denken dat ze meesters over ons zijn, die menen dat ze meer weten dan wij. Ze zijn soms wat ongemanierd vanwege een Europese opvoeding en vinden geen aansluiting met het Bonairiaanse systeem. Ik ken persoonlijk verschillende Europese Nederlanders die ik als Bonairiaans beschouw omdat ze hier al lang wonen en het eiland wel begrijpen. Toch zijn er "Makamba's" die komen met de gedachte dat ze ons kunnen vertellen hoe en wat te doen op ons eiland. Dan moeten wij de kennis en het karakter hebben om zo iemand de mond te snoeren. We moeten voorkomen dat wij onszelf op dat soort momenten weer zien als symbool van slavernij enerzijds en de "Makamba" anderzijds als kapitein van de vloot van de West Indische Compagnie. Een ander aspect dat genoemd moet worden is dat het niet altijd de "Makamba" is die ons in de positie van slaven plaatst. Wij plaatsen onszelf in deze positie omdat we dergelijke gedachten toelaten.

Opvoeding en onderwijs kunnen ervoor zorgen dat we op de juiste manier met deze omstandigheden kunnen omgaan. Als voorbeeld neem ik de staatkundige veranderingen van 10-10-10. Ik beschouw onze Antillen (de ABC-eilanden) als een drieling. De eilanden hebben dezelfde vader en moeder, koloniale ouders. Toch hebben Aruba, Bonaire en Curaçao elk hun eigen karakter. Aruba besloot op jonge leeftijd het huis uit te gaan en zich op zijn eigen manier te ontwikkelen. Curaçao waagt nu een poging tot onafhankelijkheid. Het kleine Bonaire wist dat het meer ontwikkeling nodig had voordat het op eigen benen zou kunnen staan. Dat was geen slechte beslissing, maar wel een die een visie vereist: als je niet weet waar je naartoe wilt gaan dan ben je 100% afhankelijk van anderen. Als je weet waar je naartoe gaat, kun je toch een positieve instelling hebben, want al ben je nog afhankelijk van je ouders, je weet dat de toekomst er anders uit zal zien.

Jongeren moeten daarom thuis en op school leren om een visie te vormen. Want zonder een visie krijg je ongemotiveerde jongeren en kom je nergens. Visie maakt dat je het belang van onderwijs inziet, het belang beseft van een sterk karakter. Visie leert je om kennis op de juiste manier toe te passen in de praktijk.

WANTROUWEN

Wantrouwen maakt deel uit van de Bonairiaanse mentaliteit en wantrouwen leidt makkelijk naar pessimisme, de broer van negativisme. Dit is een plaag op Bonaire. Nu geven onze geschiedenis, het recente verleden en zelfs hedendaagse incidenten voldoende reden om wantrouwend te zijn. Echter, wantrouwen beperkt je potentie. We moeten dus weer vertouwen gaan krijgen en dit moet een bewuste keuze zijn. De meerderheid van onze bevolking is gelovig. We zouden ook meer vertrouwen moeten hebben in God en keuzes moeten maken die ieders ontwikkeling bevorderen.

Als je onderwijs, justitie, politiek, sociale voorzieningen en veranderingen niet vertrouwt dan wordt het moeilijk om op Bonaire te leven. Zoals ik al zei, wantrouwen leidt makkelijk naar pessimisme en pessimisme is de broer van negativisme. Negativisme valt alles aan wat in zijn richting komt of omringt zich met boosheid. Wantrouwen steekt de kop op als we ons angstig voelen, het is eigenlijk een instinctieve bescherming tegen negatieve gevoelens.

Maar het is algemeen bekend dat **wantrouwen innovatie remt, dat het leiders bagatelliseert en ontwikkeling tegenhoudt**. Als je elkaar in een relatie niet vertrouwt, dan is het moeilijk om binnen die relatie maximale potentie te bereiken. Je moet je eigen plek en die van de ander herkennen. Je moet open kunnen staan en alles wat ter tafel komt onderzoeken. Wantrouwen verstoort alles en staat vooruitgang in de weg. Negativisme zal zich actief dan wel passief profileren en lijkt aantrekkelijker dan positivisme. Er is tevens een diepere waarheid over pessimisme en negativisme, een soort vizieuze cirkel.

Kom op Bonaire, ik respecteer het verleden en negeer verontwaardiging niet, maar kijk naar Mandela. Hoe had hij moeten reageren toen ze hem onrechtvaardig in de gevangenis stopten? Natuurlijk was hij verontwaardigd, boos, teleurstelgesteld en verdrietig, maar hij koos voor een positieve mentaliteit. Het was juist in de gevangenis dat hij zichzelf kon verwezenlijken. Het was in de gevangenis dat hij transformeerde tot een man die in zijn volle potentie heeft geleefd. Het probleem werd een mogelijkheid, hij verzandde niet in pessimisme, negativisme, wantrouwen, teleurstelling of wrok.

Ik vind dat het nu genoeg is. Neem een positieve houding aan! Neem je verantwoordelijkheid. Want aan een conflict of nare situatie heb je zelf deel. Mensen doen verkeerde dingen, dat is nu eenmaal de aard van het beestje. Of het nou een docent op school is, een werkgever, je vrouw of man, je beste vriend, viendin of je buren zijn, ze doen het allemaal. Maar jij bent ook deel van het conflict. Wat doe je of heb je gedaan om escalatie te voorkomen? Waar ben jij de fout ingegaan? Interactie vraagt per definitie de betrokkenheid van twee of meer mensen. Het is jouw persoonlijkheid die bepaalt of die betrokkenheid positief of negatief is. Er zijn altijd meer kanten van een verhaal en al de kanten hebben potentie om waardevol te zijn.

➡ OVERLEVING

Bonairianen hebben een overlevingsmentaliteit. Wanneer je overleeft heb je alleen oog voor jezelf. Dit maakt dat we een ander het niet gunnen om voorspoedig te zijn. Die mentaliteit maakt ook dat het bedrijfsleven, waar mogelijk, probeert het volk uit te buiten. Men wil voorspoed kunnen verwerven ten koste van een ander. Wat ook opvalt is dat wij onze eigen beperkingen, die voorspoed en ontwikkeling remmen, niet de nodige aandacht geven. Maar zij die wel hun best doen om maximale potentie te bereiken, worden in dat proces geremd.

Vergelijken is normaal wanneer je aan het overleven bent, maar de maximale potentie van de een is niet die van een ander, en dus heeft vergelijken geen zin. Mijn kruis kan ik alleen dragen, mijn potentie brengt uitdagingen met zich mee en daarmee moet ik leren omgaan. Als je aan het overleven bent vergelijk je je omdat jij erachter wilt komen hoe het is om bovenaan te zijn.

Onze overlevingsmentaliteit maakt dat we niet verder kunnen kijken dan onze neus lang is. We richten ons op het heden en niet op morgen en de toekomst. Uit angst voor teleurstelling durven mensen niet aan een toekomst te denken. Op Bonaire zou overleven eigenlijk niet nodig moeten zijn. In plaats daarvan zouden wij ons moeten richten op onze kwaliteiten, onze potentie accepteren en die blijven ontwikkelen totdat wij het maximale bereiken. Nu, in deze tijd is het belangrijk om niet meer te focussen op anderen maar op onszelf als individu. Begin vandaag!

Tegenover overleven staat, leven. Leef je leven ten volle. Dan pas geniet je van vandaag. Maak plannen voor morgen en ga er vanuit dat de toekomst positief zal zijn. Bonairianen zijn vaak negatief over de toekomst. Ze zijn als prooi die een aanval verwacht. We benadrukken gevaren en de dingen die niet goed lopen. We wachten op het moment dat het schip zal stranden – maar dat is toch geen leven?

Ik ken geen enkele boer die zaait en vervolgens denkt dat zijn gewas niet zal groeien. Je zaait met hoop. Wanneer je leeft is je niveau van positieve verwachtingen hoog. Als je aan het overleven bent, is het niveau van negatieve verwachtingen hoog. Buffels lopen samen, ze vertrouwen elkaar. Bij een aanval van een leeuw vormen ze een team en zijn ze zelfs in staat de leeuw te doden. Zou een van die buffels niet in de eenheid geloven, dan zal waarschijnlijk juist die ene de leeuw tegenkomen.

We moeten stoppen met overleven. Laten wij beginnen om van het leven te genieten. De waarheid van Bonaire is: er zijn te veel mensen met een negatieve instelling en dat zorgt voor een vicieuze cirkel. Mensen met een positieve instelling zijn te passief, het volk moet leren om te genieten van positieve ontwikkelingen in plaats van te smullen van negatieve berichten. Denk maar aan de euforie die men voelt tijdens roddelen, de euforie wanneer bijvoorbeeld het politiekorps slecht in het nieuws komt. Denk aan de euforie wanneer een familielid dat jij benijdt een ongeluk kijgt of wanneer die ene docent van je kind ziek is geworden. Denk aan de euforie die mensen voelen wanneer politici in een benarde positie komen te staan. Vergeet niet dat wij dezelfde mensen zijn die "amen" schreeuwen in de kerk als de dominee zegt dat we onze naasten lief moeten hebben. Ik neem aan dat er op Bonaire geen hypocrieten rondlopen.

➧ BEPERKINGEN

We hebben een mentaliteit die ons beperkt. Gebrek aan kennis, moed of onwetendheid over onze eigen potentie zijn onze mentale beperkingen. Deze drie aspecten bepalen in grote mate of een volk zich wel of niet kan ontwikkelen. Veel mensen op Bonaire hebben een gebrek aan kennis. Je zou kunnen zeggen dat in een volk niet iedereen over kennis hoeft te beschikken. Maar gezien de problematiek omtrent wantrouwen, hoe kan een watrouwend iemand een persoon met kennis gaan vertrouwen? Hoe gaat iemand zonder moed een moedig iemand vertrouwen? Hoe kan jij in je onwetendheid iemand vertrouwen die je bewust kan maken? Het is moeilijk voor iemand die wel over kennis en oplossingen beschikt om iets te realiseren in een omgeving van wantrouwen.

Dan krijg je de mensen die verbaal sterk zijn maar bij wie kennis ontbreekt. Ik ben me bewust dat er mensen zijn die doen alsof ze erg moedig zijn, maar die, wanneer het puntje bij het paaltje komt, een ijsstaaf worden. Ik weet ook dat er mensen zijn die wel over de nodige kennis beschikken maar die er niets mee doen. Deze waarheid belemmert ons volk. Onze mentaliteit is onze beperking. Je zult zien: er wordt straks verschillend gereageerd op dit boek. De ene is eens met de inhoud, de ander voelt zich beledigd, weer anderen zullen dingen over de schrijver veronderstellen zonder zijn motivatie te kennen.

Middels dit boek gebruik ik mijn kennis en vaardigheden. Ik gebruik moed om een confronterende inhoud te publiceren, en ik weet dat ik zowel leuke als negatieve reacties kan vewachten. Maar ik wil mijzelf niet in mijn ontwikkeling beperken.

Bonaire, beschikken wij over de nodige kennis en moed? Weten we waar we staan en hoe wij ervoor staan?

"Er is geen passie wanneer je je klein voordoet in een leven dat minder is dan waar jij toe in staat bent."

Ik ben ervan overtuigd dat onze passie is verdwenen doordat wij ons niet richten op onze maximale potentie. Onze focus ligt op onze beperkingen, onze pijn, ons verleden, onze vijanden, we zijn in een vicieuze cirkel beland. En daar moeten we uit stappen. Iedereen dient zijn verantwoordelijkheid in de maatschappij te nemen. Ontdek jouw kennis en stel die ten dienste van je familie en de maatschappij. Kijk naar wat je belemmert om moedig te zijn. Je kunt een hele natie helpen veranderen als jij een mentaliteit aanneemt die persoonlijke ontwikkeling stimuleert. We moeten onze doelen leren te verwoorden, ons realiseren hoe we een bijdrage kunnen leveren aan onze maatschappij. We moeten onze passie weer zien te vinden om een energiek, positief en hoopvol leven tegemoet te gaan. Als wij niet in staat zijn om te verwoorden waar we naartoe willen, blijven we stilstaan.

De waarheid over
het Bonairiaanse volk

Door z'n kleinschaligheid kent Bonaire een dorpsmentaliteit. Religie is vaak een van de factoren die het denken van een dorp beïnvloedt. Als jongeren naar Nederland gaan om te studeren krijgen velen een cultuurschok te verwerken omdat ze de beperkingen van hun dorpse mentaliteit in gaan zien. Religieuze invloeden bepalen dikwijls morele interpretatie en in dorpen heerst vaak een hoge graad van angst en oordeel. Religie schept kaders, maar die zijn niet altijd in balans. Amerika is ook onstaan vanuit religieuze overtuigingen maar tegenwoordig zijn het de academici en filosofieën die de kaders bepalen. In sommige steden van Amerika kunnen mensen niet accepteren dat homoseksuelen met elkaar trouwen. Op andere plaatsen is het homohuwelijk wettelijk erkend, vanuit een visie op mensenrechten en vrijheid.

Als Bonairiaans volk staan wij niet open voor het homohuwelijk omdat het woord van God (de Bijbel) dit naar ons idee tegenspreekt. Maar in Nederland is dit anders. Nu we deel zijn van Nederland worden ook wij geconfronteerd met de wet op het homohuwelijk en gezien de hoge immigratie naar ons eiland zal het niet lang gaan duren voordat onze mentaliteit beetje bij beetje zal veranderen. Mensen die zich op Bonaire vestigen vanuit Nederland hebben geen problemen met aspecten die Bonairianen al jaren als problematisch ervaren. Een dorp of samenleving verandert mede naar aanleiding van veranderingen en drijfveren van het volk. Dit is een van de redenen waarom Amerikaanse staten, maar ook Latijns-Amerikaanse landen, niet openstaan voor immigranten. Mensen die zich willen vestigen op Bonaire hebben een andere mentaliteit en anders denken wordt als gevaar beschouwd. Er zal daarom altijd een groep mensen zijn die zich niet geroepen voelt om nieuwelingen te helpen inburgeren.

Het algemene gedrag van een dorp is meestal ambivalent. Onderling kunnen dorpelingen erg vals zijn en elkaar de dood toewensen. Tegelijkertijd kunnen ze snel een eenheid vormen als er een gezamenlijk belang in schuilt om iets al dan niet te accepteren. Maar dan is er een leider nodig die de groep kan sturen. Als een volk een onwetende leider heeft, zal het beslissingen nemen die fout zijn. Vroeger, in moeilijkere tijden, waren mensen afhankelijker van elkaar en heerste broederschap en eenheid. Maar jongere generaties brengen altijd veranderingen teweeg. Wie alleen al ziet hoe de communicatie is veranderd door technologie en de virtuele wereld merkt dat invloeden van buiten steeds meer invloed hebben op onze denkwereld. Jongeren voelen zich primair verbonden met het internet en secundair met mensen. Dit gaat ten koste van broederschap in onze gemeenschap. Dankzij internet is de wereld groter en staan de deuren voor iedereen open. En dus verandert het algemene gedrag van een dorp. Van passief worden we steeds assertiever. We lezen meer, we laten onszelf beter informeren over ontwikkelingen in de wereld. Het is belangrijk om te weten dat het algemene gedrag van een dorp erg complex is en zeker invloed heeft op de onderlinge acceptatie die broederschap beïnvloedt.

In een dorp zijn ook "aparte groepen" te onderscheiden. Mensen met veel geld, mensen met minder geld, mensen die herrie schoppen in de maatschappij. Er zijn verschillende klassen te onderscheiden waardoor een gevoel van afgunst altijd aanwezig zal zijn. Wanneer we over "vroeger" praten, refereren wij naar de tijd waarin je als het ware met de deuren en ramen open kon slapen, zonder dat je bang hoefde te zijn dat je spullen zouden worden gestolen. Hoewel er families waren met meer vermogen dan anderen, leken mensen hun omstandigheden zonder problemen te accepteren. Maar wederom, dingen veranderen. Nu willen wij bezitten wat de buurman ook heeft.

Wij willen niet hard werken om onze doelen te bereiken, want hard werken associëren we met slavernij. Wij willen niets extra's doen, we doen alleen waarvoor wij betaald worden en liever doen we nog minder en ontvangen we meer. Het internet laat ons zien wat er allemaal in de wereld te halen valt, en dat maakt dat onze behoeften en wensen veranderen.

Vroeger waren wij tevreden maar tegenwoordig willen we steeds meer. Dit is een normaal proces, maar het is goed om deze ontwikkeling in balans te houden en te voorkomen dat we materialistisch georiënteerde mensen worden met een "mindset" van overleving, een gevaarlijke combinatie. Het is gemakkelijk te achterhalen wat Europese Nederlanders die naar Bonaire zijn uitgezonden in euro's verdienen (ook via internet weer); dus is het ook makkelijk uit te rekenen wat het verschil is met lokale salarissen. Deze kennis veroorzakt een gevoel van onrechtvaardigheid dat maakt dat wij meer willen verdienen. Het gedrag van de Bonairiaanse gemeenschap wordt beïnvloed door globalisering. Er is een op kennis en visie gebaseerde verandering nodig. Tegelijk bestaat er een oprechte angst voor de gevolgen van veranderingen en nieuwe ontwikkelingen, wat maakt dat natuurlijke ontwikkeling geremd wordt. De kans is groot dat het klassenverschil een groter probleem zal worden.

Er zijn veel vooroordelen over gedrag binnen een dorp. Als ik een paar mag noemen:
- Buitenstaanders zijn niet echt welkom, hun "nieuwe" ideeën worden niet geaccepteerd;
- Angst voor verandering is altijd aanwezig;
- Er zijn groepen die weerstand bieden tegen verandering;

- Men kent elkaar goed en oordeelt dus snel;
- Er is onwetendheid over ontwikkeling in het algemeen.

Als we Bonaire onder een vergrootglas leggen, vinden wij niet alle bovenstaande kenmerken. Bonaire oordeelt zeker, is bang en onwetend op bepaalde gebieden. Maar ook als klein volk zijn we in staat om internationaal mee te praten en onszelf te ontwikkelen. We worden daarin echter beperkt door onze mentaliteit en ons denken. Wij zijn afgunstig en daarmee maken we elkaar dood, bij wijze van spreken. Wij veroordelen elkaar, en dat is eigenlijk te vergelijken met het plegen van moord, het ontbreekt ons aan eenheidsvormend patriottisme, want dat kan mensen met verschillen toch op een weg van algemeen belang krijgen. Dat algemeen belang is en blijft de vooruitgang van Bonaire, en niet het eigen belang. Dit is ons huidige probleem en het openbaart zich in de volgende kenmerken.

➡ **We zijn snel beledigd**

Volgens het woordenboek ben je beledigd wanneer je het gevoel hebt dat iemand je deert of kwetst. Sommige mensen zeggen dat je beledigd voelen een keuze is, met andere woorden, jij staat toe dat iemand jou beledigt. Belediging komt in verschillende situaties naar voren. Toen ik in Nederland studeerde, was ik jong en was ik de Nederlandse taal niet machtig. Ik belandde eens in een discussie waarin iemand een bepaald woord gebruikte dat ik als negatief interpreteerde. Ik voelde me toen beledigd. Na een paar jaar kwam ik hetzelfde woord weer tegen op mijn werk en besloot de betekenis van dat woord op te zoeken. Je raadt het al: het betekende iets heel anders dan ik in mijn hoofd had. Ik voelde me beledigd omdat ik het woord niet kende. Ik ging ervan uit dat de persoon die dit woord gebruikte mij wilde beledigen, maar mijn gebrek aan kennis en mijn teveel aan trots zorgden ervoor dat ik niet durfde te vragen wat die persoon precies bedoelde. Ik koos ervoor om me beledigd te voelen. Dit gebeurt ook hier op Bonaire. We kiezen er vaak voor om ons beledigd te voelen.

➡ Geen eensgezindheid

Als je je beledigd voelt, is het moeilijk om eensgezindheid te bereiken. Ik kan het niet met uitgebreid onderzoek bewijzen, maar naar mijn idee is de vroegere eensgezindheid van Bonaire verdwenen. Nu hebben we kritiek op Nederland, maar onder Curaçao was het niet anders. Wij kunnen geen gemeenschappelijk doel formuleren omdat we het niet eens zijn over het gemeenschappelijk belang voor Bonaire.

Er bestaan zoveel ideeën, meningen en opinies, dat pogingen tot eensgezindheid al snel stranden omdat iemand zich beledigd voelt. Toch is eenheidsvorming op Bonaire niet onmogelijk.

In eenheid is kracht. Eensgezindheid is altijd voordelig voor de meerderheid. Een beslissing die eensgezindheid uitstraalt, brengt zeker verandering, al kun je nooit iedereen tevreden stellen, want ieder mens heeft een eigen identiteit en persoonlijkheid. Meningsverschillen zullen atijd bijven bestaan.

➡ Trots en koppig

Trots kan een goede eigenschap zijn. Iedereen zou trots moeten zijn op zichzelf, zijn familie en wat ze bereikt hebben. Maar samen met koppigheid vormt trots een gevaarlijk mengsel. Trots is een gevoel, terwijl koppigheid een mentale houding is. Je kan je eigen idee of overtuiging niet loslaten. Als je trots bent op een idee dat je hebt, terwijl er redenen zijn waarom jouw idee niet uitgevoerd kan worden, dan zal je koppigheid toch proberen jouw idee uit te voeren. Dat kan voor problemen zorgen. Een koppig persoon kan in zo'n geval blijven drammen tot hij (of zij) zijn zin krijgt. Dit is gevaarlijk omdat een koppige persoon vaak een schok nodig heeft om tot stilstand te komen. Soms kan de schok groot zijn voor de persoon zelf en voor zijn familie. Koppigheid is de tweelingbroer van doorzettingsvermogen, alleen met negatieve motivatie.

Dan hebben we nog een ander probleem, en dat probleem wordt familie genoemd. Bijna overal kom je familie tegen of bekenden van je familie, de neef van je neef of de echtgenote van de broer van een vriend, die weer goed bevriend is met je jongste zus. In alle sectoren van de maatschappij op het eiland kom je familie tegen. Hierdoor komen mensen snel persoonlijke dingen te weten, want roddels ontbreken niet op Bonaire. Het is makkelijk om iemand die een familielid helpt, als niet integer te bestempelen, maar je familie níet helpen zaait ook kwaad bloed. Je familie zal je veroordelen en zich tegen je keren. En zo heb je dan overal een slechte naam. Binnen een kleine gemeenschap is familie een lastig gegeven. Dit speelt zeker een rol op ons eiland. Vaak wordt er een beeld van je gevormd aan de hand van waar je vandaan komt: zoon van, broer van, neef van die en die... Als in een voorgaande generatie iemand in de familie iets heeft gedaan, dan is de kans groot dat jij de gevolgen daarvan zult blijven voelen.

Deze waarheden zullen voor velen hekenbaar zijn, vrijwel iedereen zal zeggen: "Ja, dat is inderdaad zo." Toch vergeten we wat we weten wanneer het onszelf betreft.

De tragische waarheid

Op Bonaire zijn er weinig erfenissen opgebouwd en dat is een tragische waarheid. Er zijn haast geen erfgenamen die in de positie staan om een erfenis in ontvangst te kunnen nemen. Misschien zegt dit laatste je niet veel maar het is juist wat veel kan bepalen in de nabije toekomst. Dit maakt machteloos. Mensen van buiten Bonaire kunnen zich hier vestigen en veel invloed uitoefenen. Een Bonairiaan moet vaak vanuit het niets iets gaan opbouwen. Wat ik verder zal behandelen kan confronterend zijn.

De ontwikkeling van een land, continent, eiland en zelfs van een buurt is afhankelijk van bezit. Want wat het eiland bezit, genereert bekendheid en aandacht. Bonaire staat voornamelijk bekend om de ongerepte natuur, "divers' paradise" heet het eiland in duikkringen. Wij krijgen internationale aandacht voor onze natuur. Van alle eilanden in het Caribisch gebied genieten wij het meest van voordelen hiervan. Dit is ons bezit, wat ons voorziet van toeristische aantrekkingskracht van generatie op generatie. Deze erfenis hebben wij van de natuur ontvangen en wij moeten ervoor zorgen dat aankomende generaties in staat zullen zijn om deze erfenis met hetzelfde respect en dezelfde waardering te behandelen.

Bonaire kan zich met deze erfenis profileren. Het eiland kan op toeristisch en economisch gebied meedoen en voor inkomen zorgen. Als we dit vertalen naar onze persoonlijke situatie is de waarheid echter minder mooi. Er zijn veel mensen op Bonaire die zonder enig voordeel hiervan mee moeten doen in de maatschappij. Ze zijn de kinderen van iemand die een negatieve reputatie heeft achtergelaten waardoor ze een nadelige start hadden. Hierdoor is het moeilijk om te participeren in de gemeenschap en moeten deze personen zeer hard werken om voor hun familie te zorgen. Zo zijn er veel mensen op Bonaire die op nul beginnen zonder enig reserve om op te kunnen bouwen. Zij beginnen zonder een financiële reserve en zien hun kansen en mogelijkheden niet in.

Er zijn mensen op Bonaire die eigenaar zijn van een stuk grond, anderen hebben een eigen zaak die goed loopt en weer anderen hebben een eigen huis. Sommigen moeten werken voor een huis, terwijl anderen het gewoon krijgen. Tegenwoordig is er lang niet altijd een erfenis om achter te laten. Mensen zijn materialistisch geworden en gaan heel anders om met erfenissen dan men in vorige generaties deed.

Ook zijn er erfenissen die vastzitten in juridische procedures ten gevolge van ons Indiaans bloed (of misschien gewoonweg vanwege onze menselijk aard) dat ons verhindert om tot een oplossing te komen. De een wil meer dan de ander, door onenigheid weigeren mensen te tekenen of te betalen voor afhandeling. Verschillende gronden op het eiland blijven zo onbenut. Er zijn gronden die aan buitenlanders verkocht zijn omdat men zo'n enorm bedrag vroeg dat een gemiddelde Bonairiaan dit niet kan betalen. Behoefte aan het materiële maakt dat wij liever Bonairiaanse grond aan buitenlanders verkopen, dan dat we een perceel gunnen aan iemand die de werkelijke waarde ervan kent en er echt iets mee wil doen. Deze ontwikkeling zorgt er mede voor dat Bonairianen een achterstand hebben in deelname aan de maatschappij. Veel eigendommen van het Bonairiaanse volk gaan naar mensen die al over kapitaal beschikken en dat verder willen uitbreiden. De harde werker van Bonaire is volkomen afhankelijk van God die deuren voor hem opent, want als het ligt aan onze eigen mensen, dan blijven de deuren van mogelijkheden dicht.

Ik heb ook begrepen dat mensen een stuk grond van de overheid hebben gekregen zonder dat de juiste procedures in acht zijn genomen. Terwijl anderen ondanks een verzoek, geen grond wordt gegund. Er zijn mensen die grond of bezittingen kwijt zijn geraakt door politieke keuzes die ze maakten. Families die in het verleden niet veel bezit hadden, beschikken tegenwoordig over veel. Verschillende mensen zijn vandaag de dag teleurgesteld in hun medemensen en zitten met onverwerkt leed. Het is moeilijk te accepteren dat Bonairianen hun eilandgenoten zo benadelen en hen de kans ontnemen om volwaardig in de maatschappij te participeren. Volgens de Bijbel zal dit allemaal een keer aan het licht komen. Maar Bonaire is niet langer een nederig eiland dat altijd blij is, zoals het volkslied aangeeft.

Het punt dat ik met deze opmerkingen wil maken, is dit: een erfenis voorziet in een stabielere start. Of het nu een stuk grond is, een huis, geld of een goede familienaam, het is als het voorbeeld uit de Bijbel, waabij een meester op reis ging en aan zijn drie dienaren elk een hoeveelheid talenten (geld) gaf. Ze kregen niet allen dezelfde hoeveelheid maar wel genoeg om iets mee te doen. Alle drie waren in de omstandigheid om er iets mee te doen. Tegenwoordig hebben mensen vooral schulden. Weinig ouders kunnen een erfenis achterlaten voor hun kinderen en als ze die wel hebben weten ze niet altijd of ze die weleens aan hun kinderen willen nalaten.

En dus beginnen veel jongeren vanaf nul, of zelfs met een achterstand. Er is geen erfenis waarvoor ze verantwoordelijk kunnen zijn. Maar in deze tijd is het voor ouders moeilijk om aan een erfenis te werken, want ook in hen werd destijds niet geïnvesteerd in de vorm van studie of geld. Dit probleem is naar mijn idee groter dan men denkt.

Dit geldt ook voor onze overheid. Wat voor overheidserfenis ontvangen wij nu? Wat betekent dit voor onze politiek? Over onze politiek bestaat een negatief beeld, terwijl mensen juist trots zouden moeten zijn op hun volksvertegenwoordigers.

Aan de andere kant, er zijn weinig jongeren (kinderen) in de huidige generatie die zich goed hebben gepositioneerd om een erfenis te kunnen ontvangen. Ze hebben geen geduld, hebben de juiste vorming niet of zijn te materialistisch. Materialisme zorgt er vaak voor dat binnen families erfenissen in een juridische vacuum komen te zitten.

Ik ken gevallen waarin ouders hard hebben gewerkt om iets op te bouwen, maar tegelijk weinig tijd in hun kinderen investeerden, met als gevolg dat die kinderen datgene wat hun ouders hebben opgebouwd met de grond gelijk hebben gemaakt. Doordat mensen zich niet kunnen positioneren om een erfenis te ontvangen, bestaat het gevaar dat erfenissen uiteindelijk in handen van buitenlanders terecht komen. Jongeren starten in grote groepen op nul door het simpele feit dat zij zich niet kunnen positioneren.

Hoe manifesteert het bovenstaande zich in onze maatschappij? Tegenwoordig zijn de relaties tussen ouders en kinderen niet altijd goed. Kinderen zijn verslaafd aan drugs, zijn vroegtijdig zwanger, hebben school niet afgerond en zijn nogal brutaal. Anderen zijn in contact gekomen met justitie of geven te kennen dat ze homoseksueel zijn en worden door familie afgewezen. Er zijn kinderen die niets willen weten van Bonaire, zij verlaten het eiland voor onbepaalde tijd. Hoe kan er in dit soort gevallen een erfenis worden overgedragen? Het is moeilijk om hiermee om te gaan omdat het introspectie vergt en eerlijkheid. Jij moet weten wat belangrijk is in dit soort gevallen. Is het voor jou belangrijk dat een kind alles krijgt wat het wil, zelfs zonder de waarde te kennen? Hoe wil je je bedrijf achterlaten? Het gaat om het principe "Wat je zaait zul je oogsten".

Ons eiland is een erfenis op zich, onze voorouders hebben hard gewerkt om het eiland op te bouwen, de waarden van het eiland zijn vertaald in het volkslied en de vlag. Ik vind dat de tijd rijp is om terug te gaan naar de kern van ons bestaan en om naar de waarheid te zoeken. We moeten op zoek naar kinderen die wel goed gepositioneerd zijn. We moeten leiders vinden die een erfenis weten te dragen zonder familie of de maatschappij in verlegenheid te brengen. Bonaire zoekt kundige mensen met moed en nederigheid, rolmodellen met visie en een hart voor de rots die Bonaire heet.

Deze mensen moeten de erfenis zo kunnen dragen dat vrede, blijdschap, broederschap en eenheid weer een plaats krijgen, aspecten die dit eiland in het verleden zo goed hebben gediend. God kan dit doel waar maken. Jij, lezer, kunt jezelf positioneren om erfenissen te ontvangen zodat je niet van nul hoeft te beginnen. Maar wat nog belangrijker is, je kunt jezelf positioneren om een schenker van een erfenis te worden.

Het waarheidsmodel

Het volgende model maakt gedachten over waarheid inzichtelijker. De mens heeft een instinctieve behoefte aan waarheid. Die komt voort uit onze drang om te overleven. Bij het zoeken naar waarheid zijn oordeelsvorming en onderscheidingsvermogen van essentieel belang.

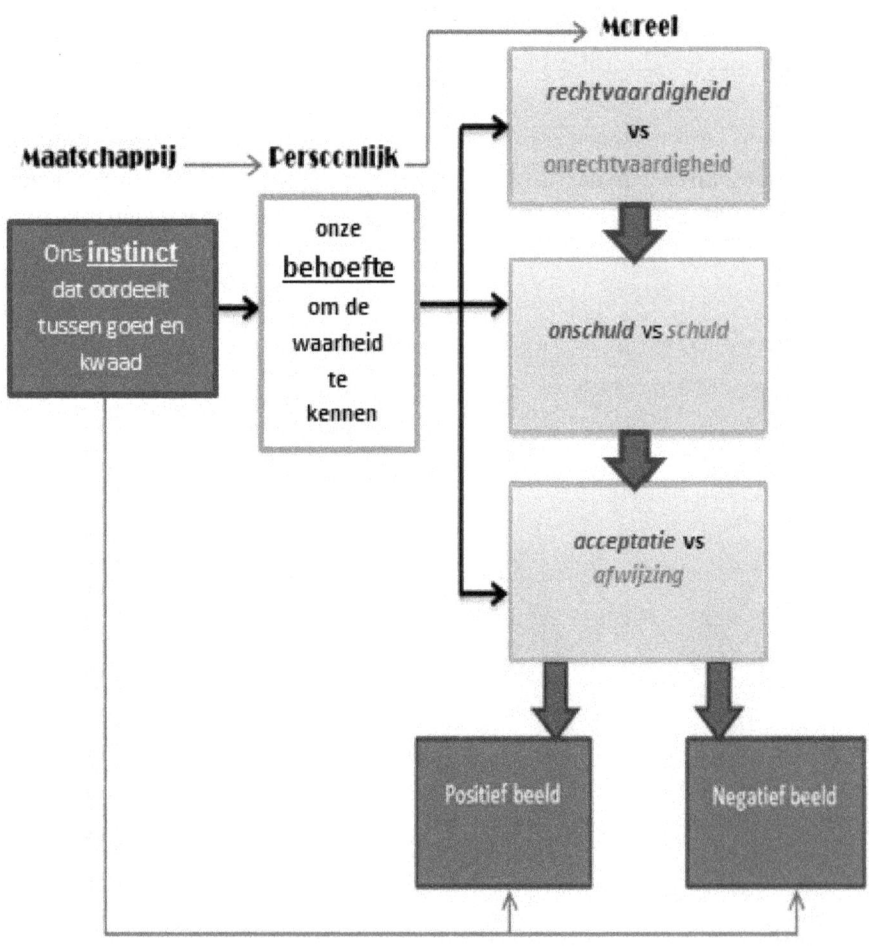

Onderscheiding legt de nadruk op verschil. Oordeel bepaalt of iets goed of kwaad is. Wij oordelen gemakkelijk. In het bovenstaande model onderscheid ik drie variabelen die een oordeel bepalen.

Onze behoefte aan waarheid is veelal een persoonlijke behoefte. Maar daaraan voorafaangaand bestaat de maatschappij die ons denken over goed en kwaad voor een belangrijk deel beïnvloedt. Als je op het punt staat iets voor waar aan te nemen, speelt je morele kompas een essentiële rol. Bedenk dus, de waarheid waarin jij gelooft, is vaak het gevolg van de druk die de maatschappij uitoefent om te kiezen tussen goed en kwaad. Niemand wil ooit 'zomaar' iets weten. Je wilt iets weten om een oordeel te vormen. Vaak is de oplossing je geweten. Dat kan je helpen om dat wat je persoonlijk als waarheid beschouwt en het oordeel dat de maatschappij uitdraagt, te ontleden. Dit kan in drie categorieën uitmonden: rechtvaardigheid versus onrechtvaardigheid; onschuld versus schuld; acceptatie versus afwijzing. Het bijgevoegde voorbeeld maakt dit duidelijker.

De waarheid kan zijn dat iemand ergens schuldig aan is. Soms kan acceptatie daarvan moreel gezien het beste zijn, het meest rechtvaardig. In onderstaand voorbeeld is een jongen schuldig aan een strafbaar feit, de beste reactie van de baas is om het strafblad van de jongen te accpeteren. Maar dat doet hij niet. Sociale druk zorgt ervoor dat hij de jongen ontslaat (afwijst). Je zou kunnen zeggen dat hij moreel gezien een onrechtvaardige beslissing heeft genomen.

★ ★ ★ ★ ★ ★ ★ ★ ★

Het volgende deed zich voor op Bonaire:

Junior werkt sinds kort als "vakkenvuller" bij een supermarkt. Voor hij begon te werken was hij betrokken bij een strafbaar feit. Junior was veroordeeld en kwam terecht in een justitieel traject. Als onderdeel van dat traject moest hij werk zoeken. Dat heeft hij gedaan.

Zijn baas is hiervan niet op de hoogte, de collega's van Junior wisten wel van zijn criminele achtergrond. Zij namen het initiatief om met hun baas te praten en aan hem ongevraagd de waarheid te vertellen. Het gevolg is dat Junior wordt ontslagen.

De waarheid heeft nadelig uitgepakt voor Junior, maar de vraag is, was de actie van zijn collega's rechtvaardig? Was hun handelen moreel acceptabel? Wat zegt ons instinct dat graag oordeelt? Moeten ze trots zijn op zichzelf of moeten ze zich schamen? Wat is de waarheid in deze?

Als je rechtvaardig bent dan is de kans groot dat je ook onschuldig bent en vervolgens is de kans groot dat je geaccepteerd wordt. Anderzijds als je onrechtvaardig bent dan is de kans groot dat je schuldig bent en vervolgens is de kans groot dat je afgewezen wordt. In het voorbeeld hiernaast zou Junior er zelf voor hebben gekozen om de waarheid verborgen te houden. Maar de collega's wilden dat de waarheid op tafel zou komen. Nu zit deze jongen zonder werk. Hij zou het incident als onrechtvaardig kunnen ervaren. Junior zou de collega's als schuldig zien voor zijn ontslag waardoor die collega's op zijn afwijzing kunnen rekenen wanneer zij ooit van hem iets nodig hebben.

Zo zie je dat de waarheid niet altijd eenvoudig is om mee om te gaan.

Waarheid is een complex begrip, dat uiteindelijk kan worden herleid tot de hierbovengenoemde categorieën.

De waarheid van Bonaire is onder te verdelen in verschillende onderwerpen waaraan wij vaak te licht tillen. Het is daarbij belangrijk om het ook even over perceptie te hebben.

De waarheid over de toekomst van Bonaire

De toekomst van Bonaire hangt af van heersende meningen over familie, onderwijs en de sociale sector. Als we het over de toekomst van Bonaire willen hebben moeten we eerst de situatie anno 2014 bekijken.

Het lijkt alsof Bonaire weerstand biedt tegen vernieuwing. Voor wie de geschiedenis kent is dit deels te verklaren. Ik ga hier niet te diep op in, simpelweg omdat ik geen historicus ben durf ik bepaalde uitspraken niet te doen. Wat ik wel kan doen is de gevoelens beschrijven die het gevolg zijn van ervaringen uit het verleden.

Bonaire voelt zich in de maling genomen, door andere eilanden en landen. Het eiland is gebruikt, verwaarloosd en achtergelaten. Dit had als effect dat er als het ware een vergrootglas op ons wantrouwen en gevoel van afwijzing werd gezet. Dit ging verder toen we elkaar begonnen te wantrouwen en te misbruiken. Wie slim was, walste over anderen heen. Waarom? Het is als een kind dat zijn moeder zijn vader ziet slaan, die later hetzelfde gaat doen omdat dat het enige gegeven voorbeeld is: wanneer je niet meer weet wat te doen ga je nadoen wat je eerder hebt gezien. Het is overleven.

Onze geschiedenis kent veel pijn, veroorzaakt door de manier waarop Nederland en Curaçao ons hebben behandeld. We zijn teleurgesteld omdat we, naar ons idee, niet werden gewaardeerd. Er zijn weinig positieve herinneringen en te veel negatieve.

Het is dus te verwachten dat Bonaire in soortgelijke situaties opnieuw in een overlevingsmodus gaat zitten. En dan vergeten wij om te genieten van het leven. Als je bezig bent met genieten, hoef je niet steeds te oordelen om je te beschermen. Je bent dan toegankelijker voor anderen, en zij kunnen op hun beurt jouw kwaliteiten beter zien. Ze zullen zien waar je goed in bent in de maatschappij en je de juiste plek toekennen.

Om terug te komen op de waarheid over de toekomst van Bonaire, onze toekomst wordt bepaald door de vraag of we aan het leven of aan het overleven zijn. Veel mensen zijn aan het overleven op persoonlijk niveau terwijl dit niet nodig is. Jij bent op deze wereld gezet met potentie om iets te bereiken, iets te veranderen en om iets te bewerkstelligen.

Er zijn veel mensen die financieel aan het overleven zijn. Natuurlijk, als je salaris laag is en de overheid niet voor een goede uitkering zorgt, zullen velen hieronder lijden. Maar vergeet niet, jij bent het die je inkomen bepaalt, niet de overheid. Als jij jezelf aan het ontwikkelen bent dan ga je vanzelfsprekend talenten ontdekken die deuren voor je openen.

Onze regering is aan het overleven. Er zijn beslissingen genomen terwijl er geen eenheid was. Dit maakt dat niet iedereen de gevolgen van die beslissingen wil dragen. Die onenigheid zorgt ervoor dat het politieke orgaan steeds verder verzwakt. Hoe dit kan gebeuren? Bij gebrek aan eenheid erkennen wij elkaars plaats en autoriteit niet. Bij het regeren is het belangrijk dat een leider zijn plek kan innemen en dat leden van de regering deze leider erkennen en accepteren. Een persoon in een leidende rol moet nooit te lang op dezelfde plek blijven. Leiderschap hoort dynamisch te zijn. Een leider die te lang op zijn plek zit is desastreus voor de samenleving.

Alleen thuis moet je je levenlang leider zijn, voor je partner en vooral voor je kinderen. Zij zijn zich nog volop aan het ontwikkelen. Zij zijn kwetsbaar.

Onze regering is aan het overleven en is daarom gevoelig voor manipulatie en egocentrisme. Ik weet dat wat ik schrijf gevoelig ligt, maar het is de waarheid. Ik heb bewondering voor elke leider die in deze tijden rust durft te brengen in onze regering. Zo'n leider of zo'n regering verdient, onafhankelijk van de politieke kleur, mijn steun voor 100%. Het gaat om Bonaire en niet om één politieke partij. Als een eiland een leider heeft die aan het leven is, dan leeft het eiland op. Als het eiland een regering heeft die leeft, dan leeft het eiland op. Als ouders leven, dan leven de kinderen op. Als docenten leven dan leven de leerlingen ook op. Als wij allemaal daadwerkelijk "leven" dan zou het hemel op aarde zijn. Waarom?

Als je leeft beschik je over:	Als je overleeft beschik je over:
- Rust	- Onrust
- Veiligheid	- Onveiligheid
- Vreugde	- Verdriet
- Vertrouwen	- Wantrouwen
- Erkenning	- Afwijzing
- Visie	- Beperking
- Vrede	- Oorlog
- Gezonde competitie	- Rivaliteit
- Gezamenlijke verantwoording	- Beschuldiging
- Overvloed	- Armoede
- Broederschap	- Vijandschap
- Liefde	- Haat

We moeten eerlijk tegen elkaar zijn. Bonaire heeft veel potentie, maar de heersende opvattingen zijn gevaarlijk voor de ontwikkeling van het eiland. Sommige dingen kun je direct veranderen. Er zijn dingen die tijd nodig hebben en er bestaan dingen die nooit zullen veranderen.

Wij zitten in de omstandigheid waar vertegenwoordigers van het eiland een overeenkomst hebben bereikt met Nederland, met gedeeltelijke steun van het volk. Daar valt op korte termijn niks aan te veranderen, dat is een proces. Leven op Bonaire is duur geworden ondanks maatregelen die de overheid heeft getroffen om de prijs van import te doen dalen. Daar kan verandering in komen, maar of dat gebeurt is afhankelijk van verschillende factoren en personen. Het volk is nu minder tolerant jegens het politieke systeem. Onze overheid gaat door moeilijke tijden. Kortom, dingen lopen niet zoals we willen, dat kan veranderen maar dan moeten we het zelf willen. We moeten ophouden om mensen hoog te houden, we moeten kijken naar de waarheid. Als mensen je in het verleden eens een gunst hebben verleend, betekent dat niet dat hierdoor het volk ten onder moet gaan. De waarheid is: we spelen met onze toekomst en we zijn zeer slecht in het spel.

Als je vindt dat onze cultuur vervaagt: dat kan veranderen. Het kan zo zijn dat jij op deze aarde bent om iets in de culturele sector te doen. Blijf het probleem niet alleen volgen, blijf niet klagen, maar doe mee, breng een positieve verandering teweeg. We kunnen heel goed een klein probleem erg groot maken. We gaan naar de radio en doen uitspraken die nergens op slaan of we zitten bij een Chinese bar, laten ons vollopen met alcohol en slaan volkomen onzin uit.

De toekomst van Bonaire is niet afhankelijk van een politieke groep, die is afhankelijk van hoe wij onze situatie benaderen. Het kan zo zijn dat jij verandering kunt brengen in de bouw, in welzijn of onderwijs, in de ontwikkeling van de mens of in de politiek. Hoe dan ook moet je je positie innemen en je bijdrage leveren. Anders ben je alleen deel van het probleem en niet van de oplossing.

In een groep is altijd sprake van een hiërarchie. Er zijn leeuwen die leiden, leeuwen die jagen en er zijn leeuwen die vechten en de groep beschermen. Er is verschil. Ik ben bijvoorbeeld volledig afhankelijk van een automonteur omdat zijn vaardigheden en zijn bekwaamheden niet de mijne zijn. Maar ik ben verbonden met deze automonteur omdat mijn auto naar hem toegaat. Als ik de directeur van een welzijnsinstelling ben, dan is die automonteur afhankelijk van mij als het gaat om de welzijn van bijvoorbeeld zijn kinderen. Mijn kennis en vaardigheden zijn op dit gebied voor hem van belang. Wat wil ik hiermee zeggen? In essentie is niemand meer dan een ander en we hebben allemaal invloed op elkaars ontwikkeling. Als we dit inzien zal de toekomst van Bonaire minder kwetsbaar zijn voor jaloezie, nijd en haat.

Elk eiland, elk land en elke natie heeft een leider, net als het gezin. Leidend in een gezin is meestal de ouder (vader of moeder) met de meest uitgebalanceerde persoonlijkheid, degene met de vaardigheid om een visie of richting over te dragen aan de overige gezinsleden.

Maar ons kleine, mooie eilandje kent geen evenwichtige, richtinggevende leider op dit moment. Als iemand het probeert zorgen wij er snel voor dat die persoon aangevallen wordt en we doen ons best om de poging tot leiderschap van die persoon te laten mislukken. Dit zorgt voor manupilatieve leiders die zich van alles veroorloven om aan de macht te blijven. Niet iedereen heeft de behoefte om leider te zijn op landelijk niveau. Niet iedereen wil zo'n last dragen. Maar omdat wij zo wantrouwend en pessimistisch zijn ingesteld, hebben wij moeite om iemand die het echt wil proberen de nodige steun te geven.

Iedereen maakt wel eens een fout, maar niet iedereen wil toegeven dat fouten maken normaal is en soms zelfs nodig voor ontwikkeling. Er zijn mensen die met luide stem fouten van anderen aan de kaak stellen, terwijl ze zelf elders grote blunders begaan. We zullen nooit een leider zonder fouten kennen, vertrouwen schenk je zonder er zeker van te zijn dat het je voordeel zal opleveren. Het blijft kwetsbaar.

De toekomst van ons eiland wordt bepaald door de ruimte die we elkaar geven; ruimte waarin we kunnen bereiken dat waar we goed in zijn en dingen kunnen realiseren die ons motiveren, dingen die het leven de moeite waard maken.

Als wij een mooie toekomst willen zien dan is het tijd om te erkennen dat we niet perfect zijn. Je kunt een oordeel over iemand hebben, maar binnen de grenzen van wat normaal is. Belangrijker is het weten waarvoor wij op deze aarde zijn gezet. Ken je plek op dit eiland en accepteer de plek van een ander. Dit kan ons brengen in de richting van het uiteindelijke doel. Natuurlijk zijn autoriteiten nodig om te voorkomen dat wij elkaar met ons egocentrisme kapot maken. Geluk vind je als je weet wie je bent en waar je bestemming is. In andermans schoenen lopen heeft weinig zin, maar laat ook niemand jou opleggen wat je moet doen. Wees vrij en geniet van dit eiland dat God aan ons heeft gegeven. Het is een geweldige plaats.

{ *Karakter + vorming + geschiedenis van een eiland = Bewuste ontwikkeling* }

Elk eiland heeft een eigen karakter dat gevormd wordt door goede en slechte aspecten. Je kunt het vergelijken met een individu dat is gevormd door zijn opvoeding (thuis), door sociale invloeden (school en activiteiten buitenshuis), levenservaringen en de maatschappelijke geschiedenis.

De Bonairiaanse bevolking is vooral bekend om haar positieve eigenschappen: nederigheid, kalmte, dankbaarheid en vrolijkheid. Maar we hebben ook minder positieve eigenschappen waarvan passiviteit en wantrouwen er twee zijn.

Natuurlijk kennen deze eigenschappen nuances, maar we doen ons grotendeels voor zoals wat we in het volkslied zingen. Toch zijn er in de loop der tijd veranderingen in ons karakter geslopen. Die zijn onder meer veroorzaakt door een angst om de controle kwijt te raken. Die angst speelt op in tijden van verandering, als je dingen niet weet of niet begrijpt. Op dat soort momenten steekt wantrouwen de kop op en nemen we verkeerde beslissingen. Het is een proces dat nu gaande is.

Onze cognitieve ontwikkeling stagneert. Jongeren op Bonaire willen niet meer leren, niet presteren om iets te bereiken. Veel van hen zijn zich niet bewust van hun oorsprong, kennen hun geschiedenis niet. Ze weten niet hoe het vijftig jaar geleden was, hoe de jeugd van hun ouders eruit zag, wat toen de waarde was van vijfentwintig cent, welke problemen er toen speelden. Veel jongeren weten niet dat het huisje waarin ze wonen gebouwd werd op basis van broederschap en rum. Veel kinderen weten niet dat hun stabiele en comfortabele bestaan van vandaag het gevolg is van enorme prestaties van hun grootouders: zij overwonnen de armoede en stelden zo hun kinderen in staat om te voorzien in hun behoeftes. Natuurlijk was in het verleden ook niet alles koek en ei, ook toen was er corruptie en onrechtvaardigheid, maar de mens was toch anders. Tegenwoordig is de jeugd niet echt bezig met de toekomst: ze gaan ervan uit dat het goed komt, mogelijk doordat ze bewuster zijn van hun rechten. De Bonairiaan van vroeger was zich niet bewust van zijn rechten, maar kende de vaardigheden die hij nodig had om een goed leven te leiden. We hebben nu veel mogelijkheden, maar toch zijn we nog steeds aan het overleven. Wanneer je overleeft geniet je niet, dan ben je niet nederig en altijd blij, zoals het volkslied zegt. Je verwacht het negatieve, probeert steeds reserves op te bouwen voor het geval dingen slecht aflopen. Je leeft met de dag en bent constant in angst. Onze jongeren zijn blijven hangen in onwetendheid: ze kennen de kracht uit het verleden niet, en evenmin de zwakheden van nu. Hierdoor ontbreken essentiële eigenschappen in het karakter van onze jongeren. Dit is een probleem, want de leiders van morgen moeten weten hoe het eiland zich heeft ontwikkeld.

Onze sociale vorming verdient ook aandacht. De middelen voor jongeren zijn beperkt en niet in elke wijk voor handen. Jongeren zoeken het liefst het virtuele en digitale op. Vroeger brachten kinderen hun vrije tijd door met eenvoudige dingen. Ze hadden knikkers, een voetbal, maakten speelgoed van een limonadedop, bouwden trommels van kalabas of ze gingen vissen (vóór de buitenproportionele regels van STINAPA). Tegenwoordig wachten we op de overheid om dingen voor onze kinderen te regelen. Natuurlijk moet de overheid zijn verantwoordelijkheid nemen, maar wij ouders kunnen ook zelf creatief zijn. We kunnen niet steeds de hand ophouden. We moeten onze handen, benen, hersenen en ziel gebruiken.

Bonaire, erken je waarheid. Dan kun je verandering brengen waar het nodig is.

Slot

Bonaire is zich aan het ontwikkelen, en of je het nu wilt of niet, je bent deel van deze ontwikkeling. Je kunt een positieve of negatieve bijdrage leveren, bewust of onbewust bijdragen. Positioneer jezelf zo dat je een goede bijdrage levert. Het is jouw eiland. Bonaire beschikt over enorme potentie en toch blijven we elkaar beperken. Maar als we elkaar steeds blijven aanvallen, zijn we kwetsbaar. Het is tijd om elkaar weer te vinden in eenheid en samenwerking. Erken je plek en accepteer die van een ander. Weet dat je eigen ontwikkeling en het vervullen van je plek in de maatschappij in het belang zijn van het pasgeboren kind of de leerling die ervan droomt piloot te worden. Als je in de positie bent om in de nabije toekomst een erfenis achter te laten, laat deze achter in handen van degenen die zich goed positioneren. Als je in aanmerking komt om een erfgenaam te zijn, bekijk je positie.

Uiteindelijk geldt, een persoon zonder een visie levert geen bijdrage, niet thuis en niet in de maatschappij. Weet de positie die God je gegeven heeft en accepteer die met passie. Wees een toegevoegde waarde, help het eiland ontwikkelen, met je eigen stijl, op je eigen gebied.

God zegene je.

Nawoord

Het Nederlands taalgebruik in de eerste druk is in deze uitgave omgebouwd naar ABN maatstaven met behulp van een Neerlandicus. Omdat het leespubliek nu ook strekt tot Europees Nederland vond ik deze aanpassing nodig, zodat de Nederlandse lezer zich makkelijker kan relateren tot mijn boodschap.

Meningsuiting anno 2015 vergt van ons allen dat wij zoeken naar een passende manier om een boodschap over te brengen. De boodschap moet doeltreffend zijn, niet beledigend. Een boodschap heeft weinig waarde als het alleen expressie geeft aan verwijten uit het verleden, wat een kern van onvergevingsgezindheid.

Mijn persoonlijke mening is dat we meer het gebed van theoloog Reinhold Niebuhr, moeten internaliseren. *"God, grant me the serenity to accept the things I cannot change; courage to change the things I can; and wisdom to know the difference."*

De mens blijft zich voortdurend ontwikkelen, zij het op positieve of negatieve wijze. Individuele ontwikkeling is belangrijk om te kunnen weten wat de juiste houding is ten opzichte van de realiteit. De wereld neemt voortdurend verwachte en onverwachte wendingen. Het is de kunst om van het leven te genieten ongeacht wat er speelt. Daarvoor moet je kunnen accepteren wat niet meer kan veranderen, herkennen wat wel kan veranderen en de moed hebben om iets eraan te doen. Herkenning van het verschil vraagt om wijsheid.

Mijn advies...*"Have Fun!"* Geniet.

Literatuur - Literatura

The Holy Bible: New King James Version. (1982). Edinburgh, SCT: Thomas Nelson Inc.

Delfos, M. (2014). Luister je wel naar mij. Amsterdam, NL: SWP

Delfos, M. (2010). De schoonheid van het verschil. Amsterdam, NL: Harcourt Book Publishers

Ellis, A. (2001). Overcoming destructive beliefs, feelings and behaviours: New directions for rational, emotive, behavior therapy. Amherst, NY: Prometheus Books

Mandela, N.R. (2010). Conversations with myself. Farrar, NY: PQ Blackwell Limited

Maslow, A.H. (1962). Toward a psychology of being. Princeton, NJ: Van Nostrand

Munroe, M. (2004). Rediscovering the kingdom: Ancient hope for our 21st century world. Shippensburg, PA: Destiny Image Publishers

Munroe, M. (2007). Releasing your potential. Shippensburg, PA: Destiny Image Publishers

Auteur

Curvin J. George is eilandskind en presentator van het wekelijkse radioprogramma "Puntra'mi" op Bonaire. Evenals in zijn vroegere radioprogramma "Puntra George" in de provincie Groningen, daagt hij mensen uit verder te kijken dan hun neus lang is. Met een provocerende stijl maakt hij actuele, maatschappelijke vraagstukken bespreekbaar op het Bonaire van nu. Op Curaçao en in Nederland verdiepte Curvin George zich in de gezondheidszorg en de sociaal pedagogische hulpverlening, waarin hij ruim vijftien jaar werkervaring heeft opgedaan. Sinds 2010 werkt hij op Bonaire. Tegenwoordig is hij de directeur van de Voogdijraad-BES, Caribisch Nederland. Hij heeft zijn masters degree in General Management behaald aan de Inter-Continental University of the Caribbean. Voor zijn mastersthesis deed hij onderzoek naar de kwaliteit van dienstverlening binnen het publieke sector op het eiland in 2015.

Als trainer, motiverende spreker en ingewijde evangelist deelt hij graag zijn kennis en passie voor persoonlijke ontwikkeling. *Kurashi* (Moed) is de titel van zijn volgende publicatie.

"Een eilandskind met de moed om het onderwerp waarheid naar voren te brengen, waarvan beter begrip nodig is, omat het is verdraaid en slecht geïnterpreteerd, waardoor het ons niet helpt te vatten wie wij werkelijk zijn."

Herbert F. Domacassé, ex-gezaghebber Bonaire

"Zoekend naar zichzelf zet de auteur een spiegel voor de Bonairiaan. Hij maakt gebruik van zijn kennis, moed en bewustzijn om de vicieuze cirkel waarin de Bonairiaan zich bevindt te doorbreken.

Voor het eerst analyseert een Bonairiaan zijn situatie in deze kritische vorm. Hij bereidt de Bonairiaan voor op de mentaliteitsverandering die komen moet."

Carmo R. "Bubui" Cecilia, directeur Radio Bon FM

Outor

Curvin J. George ta un yu di tera i presentadó di e programa "Puntra Mi" na Boneiru. Meskos ku e programma di radio ku e tabata presenta "Puntra George" na Groningen, Hulanda, e ta yama oyentenan afó pa wak mas aleu ku nan nanishi. Na un manera ku ta provoká reflekshon e ta trese diferente temanan sosial dilanti ku ta aktual pa e Boneiru di awe. Na Kòrsou i Hulanda ela desaroyá su mes den enfermeria i pedagogia sosial den kual e tin aproksimadamente 15 aña di eksperensia. For di 2010 ela sigui su desaroyo profeshonal na Kralendijk kaminda aktualmente e ta responsabel pa e ofisina di Voogdijraad Caribisch Nederland komo direktor. Tambe den kuadro di su master thesis na Inter- Continental University of the Caribbean e ta hasi sondeo na kualidat di servisio den relashon ku stabilidat ekonómiko na Boneiru. Komo treiner, motivador (motivational speaker) i evangelista ordená, e ta komparti gustosamente su konosementu i pashon pa desaroyo personal. "Kurashi" ta e titulo di su siguiente publikashon.

"Un yui di tera ku kurashi pa eksponé e topiko "bérdat" ku tur hende tin nesesidad pa komprendé mihor, pero ku ta ser trosí i malinterpretá i pesey no ta yuda nos komprendé ken nos tá di bérdad."

Herbert F. Domacassé, eks-gezaghebber Boneiru

"Buskando su mes, e outor ta pone un spil dilanti di e Boneriano. E ta hasi uso di su konosementu, kurashi i siendo konsiente pa kibra e sirkulo visioso ku e Boneriano ta den.

Ta prome biaha ku un Boneriano ta analisa su situashon di e forma kritiko aki. E ta prepara e Boneriano pa e kambio di mentalidat ku mester bin."

Carmo R. "Bubui" Cecilia, Direktor Radio Bon FM

www.ingramcontent.com/pod-product-compliance
Lightning Source LLC
Chambersburg PA
CBHW032005080426
42735CB00007B/513